M. Koch-Hillebrecht · Jeder ist anders

Abbildung 1: Der etruskische Totengott Phersu, Grab der Auguren, Tarquinia Mitte des 6. Jahrhunderts v.Chr.

Den etruskischen Gott kennen wir aus der Grabmalerei. Er trägt eine Maske. Nach dieser wurden die (maskierten) Darsteller bei Totenspielen, später ganz allgemein bei Theateraufführungen, kleine Phersus, d.i. Personae, Personen genannt. Persona bedeutet dann bei Cicero (der eine Metapher Platons aufgreift) die übertragene oder übernommene Rolle im Spiel des Lebens. Das Wort Person dringt über das Lateinische in die modernen europäischen Sprachen ein, und so kommt es, daß der Name des etruskischen Totengottes für die Bezeichnung Pate gestanden hat, mit der wir die Individualität sprachlich fassen.

Der Phersu führte mit den Verstorbenen, wenn wir den Gemälden der Grabkammern glauben dürfen, grausige Spiele auf. Maskiert sieht er zu, wie sich der Tote mit einem über den Kopf gezogenen Sack nur mit einem Knüppel bewaffnet, gegen einen gefährlich angreifenden Hund wehren muß.

Manfred Koch-Hillebrecht

Jeder ist anders

Kleine Persönlichkeitspsychologie

Verlag Hans Huber
Bern Stuttgart Toronto

Manfred Koch maturierte in Innsbruck, studierte in Tübingen (Promotion 1952 bei Ernst Kretschmer und Eduard Spranger) und Zürich, habilitierte sich 1972 in Bonn. Er war lange Jahre Psychologe in einem großen Illustrierten-Verlag in München und 1967–73 Referent im Presse- und Informationsamt der Bundesregierung in Bonn. In dieser Zeit ausgedehnte Untersuchungen in vielen Ländern. Seither Professor an der Erziehungswissenschaftlichen Hochschule Rheinland-Pfalz, Abt. Koblenz. Bücher: Die Deutschen und ihr Staat, Hamburg 1972; Das Deutschenbild, München 1977; Der Stoff, aus dem die Dummheit ist, München 1978.

CIP-Titelaufnahme der Deutschen Bibliothek

Koch-Hillebrecht, Manfred:
Jeder ist anders : kleine Persönlichkeitspsychologie /
Manfred Koch-Hillebrecht. - 1. Aufl.
- Bern ; Stuttgart ; Toronto : Huber, 1988
ISBN 3-456-81675-8

1. Auflage 1988

Satz: Satzstudio Frohberg, 6463 Freigericht
Druck und Verarbeitung: Hubert & Co., 3400 Göttingen
Printed in Germany

Il y a ordinairement si peu de différence d'homme
à homme qu'il n'y a guère sujet d'avoir de la vanité.
Montesquieu

Der Mensch ist ein völlig unerforschtes Gebiet.
H. Qualtinger

Jeder Jeck is anders.
Weisheit des rheinischen Karnevals

Inhalt

Abbildungen

Abbildungsnachweis

Abb. 1. Phersu. – Abb. 2. Prinz Rahotep und Prinzessin Nofret. Aus: W. Wolf, die Kunst Ägyptens. W. Kohlhammer, Stuttgart 1957. – Abb. 3. Themistokles u. Abb. 4. Aristoteles. Aus: Bilder vom Menschen in der Kunst des Abendlandes. Gebr. Mann Verlag, Berlin 1980. – Abb. 5. Kaiser Augustus. Aus: Die Bildnisse des Augustus. Glyptothek München, 1979. – Abb. 6. J. van Eyck, Giovanni Arnolfini. Aus: E. Panofsky, Early Netherlandish Painting, Vol. II. Harper & Row, New York, 1941. – Abb. 7. Leonardo da Vinci, Mona Lisa. Editioni Roberto Hoesch, Milano. – Abb. 8. Albrecht Dürer, Die vier Apostel. Nach Piper-Kunstkarte Nr. 95. Piperdrucke-Verlags-GmbH., München. – Abb. 9. Lukas Furtenagel, Totenbildnis Luthers. Aus: Welt im Umbruch. Katalog zur Ausstellung der Stadt Augsburg zum 450. Jubiläums der Confessio Augustana. – Abb. 10. Andrea Palladio, Villa Rotonda. Aus: Palladio 1508–1580. Katalog zur Ausstellung der Bayerischen Architektenkammer. Gersbach & Sohn Verlag, München. – Abb. 11. J.B.S. Chardin; Die kleine Federballspielerin. Nach Künstlerkarte Nr. 80559 Karten-Edition Lahr. – Abb. 12. Antoine Watteau, Gilles. Nach Kunstkarte Verlag Fernand Hazan, Paris. – Abb. 13. August Sander, Bauersfrau aus dem Hohen Venn, und Abb. 14. Diane Arbus, Ein junger Mann und seine Freundin mit Hot dogs im Park. Aus: Photography Venezia '79. Electra Editrice, Venezia. – Abb. 15. George Segal, Alice, ihre Musik und Gedichte hörend. Nach Kunstkarte Hirmer Verlag, München 1980.

0. Einleitung

Der Zweck dieses Buches geht schon aus dem Titel hervor. Niemand wird diesen mißverstehen und meinen, „Klein" beziehe sich auf die Körpergröße. Hier wird nicht etwa der Charakter von Zwergen oder Heinzelmännchen analysiert. Nein, es ist der Versuch, die Persönlichkeitspsychologie, die immer komplizierter, immer weniger anschaulich und immer unverständlicher abgehandelt wird, einmal einfacher, knapper, kürzer darzustellen. Keine hohen Ziele also, sondern eine neue Bescheidenheit, wie es dem Zeitgeist entspricht.

0.1 Warum studiert man Persönlichkeitspsychologie?

Die Persönlichkeitspsychologie befaßt sich mit einem Rätsel, über das viele Menschen in verschiedenen Epochen nachgedacht haben. Worin besteht die Verschiedenheit der Menschen? Wie ist sie zu erklären?

In einer Zeit, die sich die Ideale der Gleichheit, der Gerechtigkeit, aber auch der Normierung auf ihre Fahnen geschrieben hat, reicht eine Erörterung der Verschiedenheit, der Ungleichheit bis in weltanschauliche, selbst religiöse Tiefen. Verschiedenheit und Ungleichheit haben für viele Menschen etwas Beunruhigendes, fast etwas Unanständiges.

Nur mit Zögern stellt man sich die Frage: Worin liegt der Grund für jene störende, aber offensichtliche Verschiedenheit der Menschen in oberflächlichen, aber auch fundamentalen Verhaltensweisen, in ihren Anschauungen, in ihrem Charakter? Manche machen es sich ganz einfach. Sie versuchen, die Ungleichheit schlicht zu leugnen oder sie als späte Zugabe zu interpretieren, als ein Produkt nur teilweise gelungener Erziehung. Aber ist es wirklich so wie die Verfechter der Gleichheitstheorie meinen, daß alle Verschiedenheit nur den Einflüssen der Sozialisation, der Umwelt zuzuschreiben sei? Die Erklärung wäre dann: das Heranwachsen in verschiedenen klimatischen Zonen, in anderen Kulturkreisen, unter anderen familiären Umständen führt zu verschiedenen Persönlichkeiten.

Aber vielleicht gibt es doch ursprünglichere Unterschiede. Ist die Natur doch nicht so gerecht wie sie die Gleichheitstheoretiker sehen wollen? Dann müßten wir versuchen, die Ungleichheit in unserem Denken zu akzeptieren.

Doch ganz abgesehen von der Lösung dieser nagenden, aber eher philosophischen Fragen, denen sich der Nachdenkliche allerdings schwer entziehen kann, ist die Persönlichkeitspsychologie auch für den praktisch Interessierten wichtig. Er möchte seinen Freund besser verstehen, seinen Feind besser einschätzen und womöglich vorausberechnen. Er möchte seine Bekannten tiefer erkennen und in die rätselhafte Seele seines Ehepartners eindringen. Hierbei sucht er Hilfe bei der Persönlichkeitspsychologie.

Schließlich soll diese im Berufsleben förderlich sein. Bei jedem menschlichen Zusammenwirken spielt die Besonderheit der beteiligten Persönlichkeiten eine offensichtliche Rolle. Im Verhältnis zwischen dem Lehrer und dem Schüler, dem Chef und der Sekretärin, dem Meister und dem Lehrling, dem Feldwebel und dem Rekruten sind die Persönlichkeiten wichtig. Gruppen sind leistungsfähiger, wenn die Persönlichkeiten zusammenpassen. Wer seine eigene und die Persönlichkeit des anderen besser kennt, wird also möglicherweise ein besserer Lehrer oder ein besserer Schüler, ein besserer Feldwebel oder ein besserer Rekrut sein.

Fußballtrainer studieren unser Fach, um den drohenden Abstieg ihrer Mannschaft aus der Bundesliga abzuwenden. Hier opfert die Persönlichkeitspsychologie auf dem Altare des Erfolges, dem unsere Leistungsgesellschaft verpflichtet ist.

Nun wird mancher meinen, dieses Studium sei müßig. Er komme mit den Menschen schon zurecht und wisse sie richtig einzuschätzen. Er gehe vorurteilsfrei an sein jeweiliges Gegenüber heran. Und diese gesunde Haltung solle ihm von den Psychologen gefälligst nicht genommen werden. Diese würden bei derartiger Rede jedoch Denkste! einwerfen. Denn jeder Mensch benutzt bei der Erfassung anderer bestimmte (ihm oft kaum bewußte, oft enge) Schemata,

Erfassungs-Kategorien, eine „implizierte Persönlichkeitstheorie". Diese kann nun in der Tat ganz hilfreich sein. Aber es kann gewiß nicht schaden, sie zu überdenken und zu erweitern.

Und ganz so verfallen ist unsere Disziplin dem Zeitgeist nun doch nicht. Sie ist nicht nur Verhaltenstraining auf ein schwieriges Berufsleben. Immer hat sie neben der Beschreibung und der Erklärung der Individualität auch deren Verteidigung im Auge. Nicht nur wegen der sicher nötigen Anpassung des Einzelnen an die Gesellschaft studiert man Persönlichkeitspsychologie. Im besten Falle sucht man im Geiste Pestalozzis eine Ausrichtung der Gesellschaft und der staatlichen Einrichtungen auf die nun klarer erkannten persönlichen Bedürfnisse des Einzelnen, insbesondere auch des Schwächeren und des Benachteiligten.

0.2 Die Stellung der Persönlichkeitspsychologie innerhalb des Gesamtgebietes der Psychologie

Wilhelm Wundt, der Vater der Universitätspsychologie, richtete sein Interesse zunächst auf die Allgemeine Psychologie. Man untersuchte die Phänomene, die sich bei allen Menschen gleichermaßen feststellen lassen. Die Psychologen wollten Naturgesetze erforschen: die Gesetze des Wahrnehmens, des Lernens, des „Wollens". Der einzelne Mensch war jedenfalls uninteressant. Die persönliche Gleichung war eher ein Störfaktor bei den Untersuchungen. Erst in der nächsten Psychologengeneration unter Wilhelm Wundts Nachfolger in Leipzig, unter Felix Krueger, wurden die individuellen Abweichungen von der Norm zum eigenständigen Forschungsgegenstand. Die neuen Gebiete waren die Entwicklungspsychologie und die Persönlichkeitspsychologie. Dann kamen die Angewandte Psychologie und die Sozialpsychologie hinzu. Heute läßt sich das Lehrgebäude der Psychologie etwa so einteilen:

1. Allgemeine Psychologie

1.1. An erster Stelle steht traditionsgemäß die Wahrnehmungspsychologie. Diese Bevorzugung ist ein griechisches Erbe. Aristoteles hat am Anfang seiner Metaphysik den Menschen als ein wahrnehmendes Wesen definiert. Typische Probleme der Wahrnehmungspsychologie sind etwa Fragen, ob Tiefensehen mit einem Auge möglich ist, warum wir den Mond am Horizont größer sehen als am Zenith. Ein wichtiges Buch hierzu ist Wolfang Metzgers „Gesetze des Sehens".

1.2. Die Motivationspsychologie untersucht die unsichtbaren (inneren) Einflüsse auf unser äußerliches, sichtbares Verhalten. Zunächst konzentrierte sich die Forschung vor allem auf eine Motivationsform, das Wollen. S. Freud hat mit seiner Theorie der unbewußten Wurzeln der Motivation dieses Gebiet ebenso stark beeinflußt wie Kurt Lewin, der erste Experimente über psychische Sättigung, die Wirkung aufgeschobener Handlungen (Zeigarnik-Effekt) und die Leistungsmotivation in den dreißiger Jahren in Berlin durchführen ließ. Mit dieser hat sich dann Heckhausen in Bochum besonders befaßt. Grundsätzliches und Treffliches zur Einteilung der Motive bei Thomae (1965).

1.3. Die Lernpsychologie ist eine Domäne der Amerikaner, sie wird vom Behaviorismus als die Grundlage der Wissenschaft vom Menschen angesehen (Watson 1925, Hull 1943, 1952). Das Lernen wird als solches untersucht, oft nicht an Menschen sondern an Tauben oder vor allem an Ratten. Das Credo dieser Richtung stammt von Tolman (1938; 34). „Ich glaube, daß alles Wichtige in der Psychologie letztlich durch die fortgesetzte Analyse der Determinanten des Rattenverhaltens an einem Kreuzungspunkt im Labyrinth untersucht werden kann."

1.4. Während die Logik versucht, Regeln für das richtige Denken aufzustellen, interessiert sich die Denkpsychologie für das Denken schlechthin, vielleicht sogar eher mehr für Denkfehler. Als Begründer der experimentellen Denkpsychologie gilt die Würzburger Schule, im besonderen Karl Bühler (1907, 1908). Die bedeutenden Beiträge der Gestaltpsychologie setzen ein mit Wolfgang Köhlers Untersuchungen an Menschenaffen. Empfehlenswerte Einführungslektüre: Max Wertheimer „Produktives Denken".

Wenn man konsequent wäre, müßte man der (1) Allgemeinen Psychologie die (2) Differentielle Psychologie entgegenstellen, wobei diese Phänomene untersucht, die sich nicht bei allen Menschen, sondern nur bei besonderen Gruppen feststellen lassen. Dann wäre diese (2) Differentielle Psychologie in (2.1) Entwicklungspsychologie und in (2.2) Persönlichkeitspsychologie zu unterteilen. Diesen Weg ist man jedoch nicht gegangen, sondern gliedert:

2. *Entwicklungspsychologie.* Unter dem Einfluß von Charlotte Bühler hat sich dieses Fach von der Kinderpsychologie zu einer Psychologie des menschlichen Lebenslaufes entwickelt (Life-span psychology), die auch die Alterspsychologie, ja Probleme des Sterbens (Thanatopsychologie) umfaßt.

3. *Persönlichkeitspsychologie.* Während Wundt bei der Wahrnehmung, Freud bei der Motivation, die Behavioristen beim Lernen die Psychologie beginnen wollten, setzte Galton (1822–1911) bei der menschlichen Verschiedenheit ein. Andere wichtige Vertreter dieses Ansatzes, dem auch dieses Buch verpflichtet ist, sind William Stern, der Amerikaner G.W. Allport und der Psychiater Ernst Kretschmer: seine Fundierung erhält dieser Ansatz aus der geisteswissenschaftlichen Psychologie (Wilhelm Dilthey, Eduard Spranger). Von den Vertretern der naturwissenschaftlich orientierten Richtungen wird die Persönlichkeitspsychologie auch Differentielle Psychologie genannt.

4. Die *Sozialpsychologie* setzt dort an, wo statt eines Menschen ein weiterer oder mehrere als agierender oder auch als gedachter hinzutritt. Die Übergänge zur Soziologie sind fließend.

5. Beispiele für die Arbeitsgebiete der *Angewandten Psychologie* sind: Pädagogische Psychologie, Forensische (Gerichts-) Psychologie, Klinische Psychologie, Arbeits- und Betriebspsychologie, Politische Psychologie usw.

Diese Einteilung ist – wie jede Einteilung – nicht ganz befriedigend. Die Grenzen zwischen den Fächern verschwimmen oft. Dies zeigt schon unsere kurze Einführung: die Unterschiede zwischen jungen und alten Menschen, die wir als einen Ausgangspunkt des persönlichkeitspsychologischen Denkens ansehen, werden gewöhnlich in der Entwicklungspsychologie, unser 4. Kapitel über die Einflüsse des sozialen Umfeldes in der Sozialpsychologie abgehandelt.

0.3 Schulen, Richtungen

> *Die Wissenschaften vom Menschen bezeichnet es, daß in ihnen kein Fortschritt und keine Behauptung endgültig ist.* Golo Mann 1940

In den letzten hundert Jahren, in denen sich die Psychologie an den Universitäten etablierte, hatte sie zwei Möglichkeiten, sich in den bestehenden Wissenschaftsbetrieb einzureihen. Entweder als Natur- oder als Geisteswissenschaft. Obwohl gerade im deutschen Sprachraum in der ersten Hälfte dieses Jahrhunderts viele Psychologieprofessoren auf philosophischen Lehrstühlen dozierten, tendierte die Psychologie als Ganzes zu den Naturwissenschaften. Hierfür gab es mehrere Gründe: Das Ansehen der Philosophie sank seit Beginn dieses Jahrhunderts in gleichem Maße, in dem das der Naturwissenschaften stieg. Schon vor dem Ersten Weltkrieg hatte der damalige Privatdozent Eduard Spranger die Ehre, anläßlich einer Veranstaltung der Universität Berlin mit Kaiser Wilhelm II. einige Worte zu wechseln. Wenig taktvoll antwortete seine Majestät auf die Angabe des jungen Gelehrten, er sei Philosoph: „Das sind die Leute, die wir gar nicht brauchen können."

In den Naturwissenschaften war man in einer aufsteigenden, florierenden, zunehmend geschätzten, als handfest und nützlich angesehenen Richtung. Die Naturwissenschaften hatten ihre eigene Wissenschaftstheorie, teilweise ohne Kenntnis und im Widerspruch zur Philosophie entwickelt. Diese Theorie wurde nun von der neueren Psychologie weitgehend ungeprüft als eigenes Credo übernommen. Es herrschte ein munterer Positivismus, der sich bald zum Behaviorismus steigerte. Das wissenschaftstheoretische Gewissen entlastete sich mit Statistik.

Vorbild dieser Psychologie wurde die Physik. Als höchstes Ziel galt es, Verhaltensgesetze in der Art Newtons aufzustellen (Bischof 1981; 21). Das menschliche Verhalten sollte in Formeln gefaßt werden. Mit den Lerngesetzen sollte der Anfang gemacht werden. Lewin benannte diese reduktive Form der Psychologie nach Galilei. Die angestrebten knappen Formulierungen haben einen besonderen „denkästhetischen Reiz". Aber „strukturelle Besonderheiten gehen verloren, wenn man von den spezielleren zu den allgemeinen Gesetzen fortschreitet." „Der Empiriker Aristoteles wies das abendländische Denken dann ... in eine andere Richtung. Nicht voreilige Reduktion sondern konkrete Beschreibung und anschauungsnahe Klassifikation erschien ihm als das angemessene Ziel der Wissenschaft." Dieses Ziel ist in der behavioristisch orientierten Psychologie der letzten Jahrzehnte weitgehend verdrängt worden. Mit Recht weist allerdings Bischof darauf hin, daß von der naturwissenschaftlichen Psychologie zu reden dann nicht ganz richtig ist, wenn man die Richtung meint, die dem Paradigma der Physik folgt. Die Biologie habe sich nie ganz dem Reduktionismus der Physik angeschlossen und eher eine von Darwin beeinflußte Betrachtung gepflegt, die die Funktion, die Adaptation, die Teleonomie in den Vordergrund stelle. Kretschmer erkennt, daß die wesentlichen Fortschritte der Medizin im letzten Jahrhundert nicht nur durch die Anwendung von Physik und Chemie zustande gekommen sind, sondern durch exakte Beschreibung von Krankheitsbildern auf der Grundlage des genau gesehenen Einzelfalles.

Doch die geisteswissenschaftliche Psychologie, die Wilhelm Dilthey gefordert hatte, wurde zunehmend verdrängt. Allenfalls Eduard Spranger oder Erich Rothacker kann man als geisteswissenschaftliche Psychologen anführen. Anklänge an diese Richtung findet man noch bei einigen deutschen Professoren der Nachkriegszeit, so bei Philipp Lersch, bei Albert Wellek und vor allem bei Hans Thomae, dem Schüler Rothackers.

Die Zeit nach dem Zweiten Weltkrieg brachte in Deutschland eine mehr oder minder unkritische Rezeption der amerikanischen Psychologie, die (vom Behaviorismus geprägt) ganz naturwissenschaftlich ausgerichtet war. Die geisteswissenschaftliche Richtung galt manchem sogar (sicher zu Unrecht) als faschismus-verdächtig, auf jeden Fall aber als deutsch-provinziell und sehr rückständig. Manche Autoren machten es sich leicht, indem sie diese Richtung als eine halbwissenschaftliche Vorstufe hinstellten, als einen „Erdenrest, zu tragen peinlich". Meist ohne es zu wissen, wendet man hier das Schema an, mit dem Auguste Comte (1836) die Wissenschaftsentwicklung in drei Stufen einteilte. Erst habe man die Probleme theologisch erklärt, dann philosophisch und erst heute sei man in der Lage, sie positivistisch (naturwissenschaftlich) zu ergründen.

Manchmal versucht die deutsche Psychologie, die Amerikaner in ihrer naturwissenschaftlichen Ausrichtung noch zu übertreffen. Die Statistik wurde nicht nur als Fundament, als Rückgrat und Dogma aller Psychologie angesehen, sondern das Psychologiestudium wurde vielfach geradezu zu einem Statistikkurs umfunktioniert. Sichere Statistikkenntnisse wurden von vielen als das einzige Entréebillett zur Psychologie angesehen, ja für die Psychologie selbst gehalten.

Die Statistikgläubigkeit wirkte sich zunächst einmal positiv aus, da sie allzu spekulative Ansätze der deutschen Psychologie erschütterte. Im Laufe der Zeit brachte sie aber jede sinnvolle Forschung in der Persönlichkeitspsychologie fast zum Erliegen, mit wenigen, aber umso leuchtenderen Ausnahmen. So paßte sich Thomae mit wechselndem Erfolg teilweise dem Zeitgeist an, teilweise widerstand er ihm mannhaft. In den U.S.A. schlichen sich bei einflußreichen Forschern der kognitiven Richtung, bei Kelly und Rogers geisteswissenschaftliche Aspekte durch die Hintertür hinein. Diese machten diese Ansätze erst wertvoll und wirkungsvoll. Auch bei den Tiefenpsychologen wurden die alten Traditionen psychologischen Wissens dem Experiment und der Statistik nicht vollständig geopfert.

Eine Sonderstellung nahm die Gestaltpsychologie ein, die zwar naturwissenschaftlichen Idealen verpflichtet war, aber erkannte, daß die theoretischen Grundlagen der Naturwissenschaften viel komplexer sind als der Behaviorismus annahm.

Die naturwissenschaftliche Psychologie ist an der Besonderheit des Einzelnen, ist an der Persönlichkeit eigentlich nicht interessiert. Ähnlich wie die Biologie die Eigentümlichkeiten des schwarzen Katers „Murr" oder des saufarbigen Dackels „Waldi" erhaben ignoriert zugunsten der Verhaltenskonstanten der Gattung Katze, der Hunde schlechthin. In der Biologie haben die Tiere keine individuellen Namen. Bei der persönlichen Benennung von Tieren verlassen die Sprachen die Naturbeschreibung und suchen neue Kategorien. Levi-Strauss (1962a) bemerkt, daß in allen Sprachen die Haustiernamen eine besondere Klasse bilden. So sind im Deutschen „Waldi" oder „Bello" typische Hundenamen, die sich weder für Kanarienvögel noch für Kühe, Katzen oder Menschen eignen. Jedenfalls würde ein Ehepaar gewiß auffallen, das seinen Dackel „Uwe", seinen blondgelockten Sohn jedoch „Waldi" nennen würde. Auch mit dem Standesbeamten gäbe dies Probleme.

Thomae (1968) folgt einer Unterscheidung des Heidelberger Wissenschaftstheoretikers Windelband und nennt die naturwissenschaftliche, auf Gesetze abzielende Betrachtungsweise „nomothetisch", die an Individualitäten interessierte „idiographisch".

Diese geisteswissenschaftliche Forschung ist freilich wesentlich anspruchsvoller als die gängige naturwissenschaftlich-psychologische, die sich mit den Standards der Präzision, der logischen Konsistenz, der Prüfbarkeit und der Repräsentanz (Stegmüller 1973, Schneewind 1977) begnügt und meint, damit sei es getan. Den absurden Gedanken, daß man die menschlichen Geheimnisse dadurch erfahren könnte, daß man jemand in ein Zimmer einsperrt und ihm Fragebögen oder Versuchsanordnungen antut, diesem Gedanken hingen die geisteswissenschaftlichen Forscher nicht an. Dagegen stellt die geisteswissenschaftliche Forschung ökologische, phänomenologische, ganzheitliche, partnerschaftliche und historische Ansprüche.

1) Der Forscher hat sich dem Forschungsgegenstand anzupassen. Dieser soll – soweit wie möglich – in seiner natürlichen, ursprünglichen Situation belassen werden. Die Kunsthistoriker analysieren das Kunstwerk an seinem ursprünglichen Platz: in situ. Heute wird dieses Problem von der ökologischen Forschung betont.

2) Der Forscher muß versuchen, umfassend, möglichst vorurteilslos, freundlich und passiv, die Gegebenheiten aufzunehmen. Diese Forschungsregel wird schon von Aristoteles vertreten: Sozein ta phainomena. Die phänomenologische Schule von Husserl führt diese Bestrebung fort. Ihr Ziel war es, dem Forscher die Sinne zu öffnen.

3) Der Forscher muß sich nicht nur in den örtlichen Gegebenheiten, sondern vor allem auch in der Zeitstruktur dem Forschungsgegenstand anpassen. Die Elementenpsychologie versuchte alles menschliche Verhalten in kleinste Einheiten, in Reize und Reaktionen, möglichst in Reflexe aufzulösen. Vorbild waren die klassischen Naturwissenschaftler, die die Vielfalt der Materie auf Moleküle und Atome zurückführten. Erst die Gestaltpsychologie hat diesen Ansatz in der Wahrnehmungslehre und den Untersuchungen zum Problemlösen überwunden. Aber in der Persönlichkeitspsychologie wurde der alte Fehler neu eingeführt. Man versucht, das Individuum zu Forschungszwecken in letzte Eigenschaften zu zerlegen. Mit diesen kleinen Einheiten lassen sich die Computer füttern, es verrechnet sich leichter. Der einflußreichste Forscher dieser Richtung war Guilford (1964), der die Persönlichkeit: als „einzigartige Struktur von Eigenschaften" definierte.

Theophrast — Der Pfennigfuchser

Pfennigfuchserei ist eine übertriebene Sparsamkeit im Interesse von Hab und Gut. Noch ehe ein Monat um ist, kommt der Pfennigfuchser etwa zu einem Schuldner ins Haus gelaufen, um ihn an einen halben Obolos zu mahnen.

Bei einer Mahlzeit mit Freunden rechnet er nach, wieviel Gläser jeder getrunken hat. Der Artemis weiht er von allen Teilnehmern die geringste Spende. Hat man auch noch so billig eingekauft und rechnet mit ihm ab, so behauptet er, alles sei viel zu teuer. Wenn ein Sklave einen Topf oder eine Schüssel zerbrochen hat, so zieht er ihm den Preis von der Kost ab.

Hat seine Frau einen Dreier verloren, so bringt er es fertig und rückt Geräte, Betten, Schränke von ihren Plätzen und durchsucht noch die Dielenfugen. Wenn er etwas verkauft, berechnet er seinen Preis so, daß der Käufer ja keinen Vorteil davon hat.

Niemanden läßt er eine Feige aus dem Garten kosten oder über sein Feld gehen oder eine abgefallene Olive oder Dattel aufheben. Täglich kontrolliert er, ob die Grenzsteine noch an derselben Stelle stehen. – Wenn er einen Kameraden bewirtet, schneidet er das Fleisch in kleine Stücke, ehe er es auftragen läßt. –

Seiner Frau verbietet er, Salz, Dochte, Kümmel, Majoran, Opfermehl und -kränze oder Opferkuchenteig auszuleihen. „Auch diese Kleinigkeiten", meint er, „machen im Jahr eine ganz hübsche Summe aus." –

(Ethische Charaktere, 19)

Von Theophrast, dem Schüler des Aristoteles, sind dreißig Charakterskizzen überliefert. Wir wissen nicht, welchen Zweck sie hatten und können auch keine Systematik oder Ordnung der Typen erkennen. Allerdings handelt es sich ausnahmslos um negative Beispiele. Mit Theophrast beginnt die empirische Persönlichkeitsbeschreibung. Seine Kunst der Beobachtung übt er auf dem Markt aus, sie gehört zu den Fähigkeiten des antiken Redners.

Der Charakter wird durch dominante Eigenschaften gekennzeichnet, die anhand aufschlußreicher Verhaltensweisen aufgezeigt werden. An den Beginn jeder Skizze wird eine Definition gestellt. Einige Bilder nehmen schon spätere Forschungsergebnisse vorweg. Der hier beschriebene Pfennigfuchser könnte als Vorläufer von Freud's analem Charakter angesehen werden. Der Abergläubische (16) und der Mißtrauische (18) lassen schon Anklänge an das paranoide Syndrom erkennen. Sogar ein politischer Typ wird gekennzeichnet, der Reaktionär (26), wenn man so will, ein Urahne des autoritären Charakters: „Aus dem Homer hat er nur einen Vers behalten: ‚Herrschaft der Menge ist nimmer ein Segen, einer soll herrschen'". Also schon hier ein Hinweis auf Rigidität und ungesunde Einschränkungen des Blickfeldes.

Die Zuordnung einer Eigenschaft zu einem Menschen ist immer der anfechtbare Versuch, seinen wechselvollen Verhaltensstrom in widerstandsfähigen, substantiellen Stückchen festzuschreiben. Aus verschiedenen, beileibe nicht allen Handlungen schließe ich nicht nur, daß dieser Mensch auch in anderen mir nicht zugänglichen Handlungen aggressiv verfahren wird, sondern daß er aggressiv ist. Mischel (1974) bestreitet, daß es richtig sei, einen Menschen pünktlich zu nennen, da er vielleicht im Dienst strikt pünktlich (auf die Minute) ist. Selbst, wenn ich dazu feststelle, daß er im Konzert stets 10 Minuten vor dem Beginn auf seinem Platz sitzt, kann es sein, daß meine Versuchsperson (Vp) an Montagen im Winter (besonders nach gutem Skiwetter) später eintrifft. Man erkennt, daß dieses Wort „pünktlich" als eine willkürliche Festsetzung dem Menschen aufgeklebt wird wie eine Briefmarke, ohne ihn recht zu kennzeichnen. Hartshorne und May (1928) hatten mit einer verdeckten Versuchsanordnung nachgewiesen, daß auch ehrliche Menschen manchmal schummeln, wenn sie davon überzeugt sind, daß es niemand merkt. „Es ist ja auch möglich", stellt Herrmann (1969; 48) angesichts dieses Umstandes fest, „daß es gar keine allgemeine Ehrlichkeit gibt sondern nur spezielle Ehrlichkeiten."

Um die Eigenart eines Menschen zu erfahren, muß ich mich in seine Welt hineinhören. Ich muß ergründen, was Pünktlichkeit für ihn bedeutet. Vielleicht sieht er in ihr eine sekundäre preußische Tugend, die er in sich bekämpfen sollte.

Ein Begriff wie Pünktlichkeit ist in der Beschreibung eines Menschen manchmal nur dann sinnvoll, wenn er im Lichte seines Weltbildes gesehen wird. Dieses erfahre ich nur, wenn ich ihm Entfaltungsspielraum gebe. So wenig ich aus dem Tropfen die Eigenart des Meeres erschließen kann, so wenig kann ich aus Reflexen auf menschliches Verhalten schließen. Thomae (1968) plädiert deshalb für angemessene Einheiten der Erfassung.

Die kleinste für die Forschung noch sinnvolle Einheit ist die zielgerichtete Handlung. Eine relativ „in sich geschlossene Folge von Ereignissen innerhalb des subjektiven Aktivitätskontinuums, die eine für das handelnde Subjekt sinnvolle Veränderung der Welt, wie diese sie erlebt, bewirkt." Die mittlere Einheit ist der Tageslauf.

Der Idealfall ist die Erforschung des ganzen Lebenslaufes. Damit gewinnt die biographische Methode in den Humanwissenschaften an Bedeutung.

4) Der Forscher hat sein Gegenüber als Partner zu akzeptieren. Das heißt auch, daß er auf Tricks, Gags und Tests verzichtet. Mit leeren Händen und unbeschützt einem anderen Menschen gegenüber zu stehen, ist den Psychologen offenbar ein Greuel. Sie brauchten weiße Mäntel und professionelle Geräte, die mit Röntgenapparat oder Reflexhammer vergleichbar waren. Jahrzehntelang dienten projektive Tests diesem Zweck. Als sie außer Mode kamen, florierten die Fragebogenbatterien. Beide Methoden sind mit neueren Rechtsauffassungen von der Würde des Menschen schwer vereinbar. Die Psychologen werden hier umdenken müssen. Sie sind in ähnlich schwerer Lage wie die Juristen des 18. Jahrhunderts, als feststand, daß die Folter (sicher in manchen Fällen ein ganz wichtiges apparatives Mittel der Wahrheitsfindung) nicht mehr zur Verfügung stand.

5) Der Forscher muß historische Hintergründe beachten. Es geht nicht an, Studenten in Berkeley zu untersuchen und sich dann – weil die Statistik stimmt – Aussagen über den Menschen schlechthin anzumaßen. Es ist bei Untersuchungen menschlicher Verhaltensweisen unwahrscheinlich, daß man zu jedem Zeitpunkt messen kann. Schon ein Photograph weiß, daß er bestimmte Lichtverhältnisse abwarten muß. Wer den Berg Fuji sehen will, muß früh aufstehen; der heilige Gipfel hüllt sich bald in Nebel. Ähnlich der beobachtete Mensch. Hier kommt es auf den Kairos, den rechten Augenblick an. Dieser griechische Gott hatte einen glatten Hinterkopf. Wer ihn nicht an seiner Stirntolle erwischte, rutschte auf der Glatze ab. Manche Theoretiker sehen den Forscher in einer ähnlichen Position wie einen Liebhaber. Ein Vorstoß zur verkehrten Zeit kann viel verstellen. Spranger geht so weit zu glauben, der Nationalcharakter offenbare sich nur zu bestimmten historischen Stunden: der preußische etwa am Mobilmachungstag. Und der rheinische vielleicht an Sankt Martin oder am Rosenmontag?

Allen Forderungen der geisteswissenschaftlichen und der naturwissenschaftlichen Forschung wird allerdings keine Untersuchung gerecht. Die Problematik wird politikähnlich, man muß den Kompromiß suchen. Die richtige Methode gibt es nicht. Primat hat das Problem, und wenn dann bei der Methode ein gewisses Gleichgewicht bei der Erfüllung der Forderungen erreicht ist, sollte man froh sein.

0.4 Methoden

Mißtrauen soll man dem, der von Methodologie redet, wo es genau so gut Methode heißen könnte.

Ernst Kretschmer

In den Mittelpunkt der Überlegungen werden die Methoden vor allem von jenen Forschern gestellt, die unsicher, machthungrig und/oder wichtigtuerisch sind. Methodenfragen sind Weltanschauungsfragen (Rothacker). Die Haltung zur Methode ist Sache des Charakters. Pingeligkeit, Methodenzentriertheit ist ebenso ein Persönlichkeitsmerkmal wie Weitblick und Großzügigkeit. Sicher gehören die eher Pingeligen dazu, wenn es gilt, die Forschung voranzutreiben. Doch die bedeutenden Forscher sind oft statt methoden- problemorientiert und zeigen eine bemerkenswerte Nonchalance (wenn man so will: eine kaum wiederholbare Virtuosität) in der Handhabung der Methoden.

Drei Wege gibt es, um Erkenntnisse über die Persönlichkeit eines Menschen zu gewinnen. Man kann ihn beobachten, man kann mit ihm sprechen, man kann seine Produktionen, seine Werke (seine Schrift, seine Gedichte, seine Kritzeleien beim Telefon, seine Träume, seine Schnappschüsse beim Photographieren) analysieren. Das Experiment ist keine eigenständige Methode sondern eine Anwendung der drei Grundmethoden unter kontrollierten Bedingungen. Die Beiträge des Experiments zur Persönlichkeitspsychologie sind eher dürftig.

Die Beobachtung ist eine schwierige Kunst. Zwei wesentliche Probleme treten auf. Einmal widersetzen sich die Menschen der Beobachtung. Beobachtet zu werden wird als lästig, als stimmungshemmend, als bedrohlich empfunden. Durch Mauern, Hecken, Vorhänge schützen sich die Menschen vor fremden Blicken. Dem Psychologen wird der unangenehme Drang unterstellt, seine Umgebung ständig zu beobachten. Es ist deshalb oft schwer, ihm unbefangen gegenüberzutreten. Möglicherweise ist unsere Scheu vor dem beobachtenden Blick angeboren. Konrad Lorenz sieht im Anstarren des Gegenübers eine Drohgeste, die wir mit den Primaten gemeinsam haben. Unter Corpsstudenten gilt denn auch das „Fixieren" als zureichender Grund für ein Duell. Genaues Hinsehen oder gar Anstarren ist in vielen Kulturen ein Verstoß gegen die Etiquette. Der Gentleman, der eine Dame im Bad überrascht, schlägt die Tür zu und murmelt: Verzeihung mein Herr. Auch der Psychologe ist gehalten, seine Beobachtungen mit einer gewissen Verstohlenheit zu betreiben, um sein Gegenüber nicht zu verschrecken. Manchmal behilft er sich mit einer Beobachtungsscheibe (One-way screen), die das forschende Auge vor dem Betrachteten verbirgt.

Zudem ist der Mensch kaum ein geborener Beobachter. Die Psychologie der Zeugenaussage zeigt die Ungenauigkeit unserer Auffassung. Wir sehen nur, was wir wissen. So besteht die Hauptaufgabe einer Sehschulung darin, neue aufschlußreiche Kategorien zu liefern. Und dieses Buch würde seinen Sinn gewiß nicht verfehlen, wenn der Leser einige neue Gesichtspunkte bei seiner Menschenbeobachtung hinzugewänne.

Wenn einer genau hinsieht, so ist das schon außergewöhnlich. So wird es auch in der Literatur behandelt. Mark Twain berichtet von einer alten Frau, die sah, daß sich die beiden Jungen Tom Sawyer und Huckleberry Finn als Mädchen verkleidet hatten. Als sie nämlich dem Verkleideten einen Apfel in den Schoß warf, schloß er die Schenkel. Mädchen, die damals stets einen Rock trugen, hätten mit einem Aufspannen des Rocks reagiert.

Besser werden die Chancen des Beobachters, wenn er sich der Photographie oder des Films bedient. Lersch demonstrierte die Formen des offenen und verhängten Auges, auch die des Mundes mit Photographien. Mit einer verdeckten Kamera konnte Eibl-Eibesfeldt eine über die ganze Erde verbreitete Grußgeste entdecken, das Augenbrauenheben, das dem unbewaffneten Auge verborgen geblieben war.

Viel Streit hat es in der Psychologie um die Befragung gegeben. Diese Methode steht außerhalb der naturwissenschaftlichen Tradition. Physiker und Chemiker können sich auch nicht mit ihrem Forschungsgegenstand unterhalten und kommen doch zu imponierenden Ergebnissen. In der anglo-amerikanischen Tradition werden diese Zweifel durch christliche Einflüsse bestärkt, die im Menschen ein potentiell lügnerisches Wesen vermuten. Wie sollte ein festes Wissensgebäude auf den Lügengespinsten des Teufels errichtet werden können?

Philosophische Unterstützung bekamen diese Tendenzen durch den sprachkritischen Ansatz Ludwig Wittgensteins („Worüber man nicht reden kann, darüber soll man schweigen"). Die Sprache galt ihm überhaupt nicht als ein Instrument der Wahrheitsfindung sondern eher (wie beim Turmbau zu Babel) als ein Vehikel, den menschlichen Geist zu verwirren.

Besonders mißtrauisch ist die vom Behaviorismus beeinflußte amerikanische Forschung dann, wenn der Befragte über seine eigenen Erlebnisse berichtet. Die Introspektion gilt als unüberprüfbar, also als unseriös. Die Behavioristen sehen daher den nur durch Erlebnisberichte erschließbaren innerseelischen Bereich als einen schwarzen Kasten (Black box) an, über den der ernstzunehmende Forscher besser schweigt.

Erstaunlicherweise gilt aber eine besonders problematische Form der Befragung als wissenschaftlich einwandfrei, nämlich die mit Hilfe eines Fragebogens. Thomae sieht hier ein Eindringen der Introspektion „durch die Hintertür". Reagiert die Versuchsperson schon bei der Beobachtung mit Widerwillen, so empfindet sie hier oft Abscheu. Sie rettet sich in starre Verhaltensmuster. Kreuzt etwa möglichst Mittelwerte an oder sagt zu allen Fragen ja (oder zu den meisten nein). Thomae spricht von einer „relativ peripheren Erledigung des Problems". Es wäre zu begrüßen, wenn der verbreitete Unfug mit den Fragebögen (Scales) bald etwas eingeschränkt würde.

Beim Fragebogen muß sich die Vp. den vorgegebenen Kategorien starr fügen, auch dann, wenn sie diese nicht einsieht oder für sinnlos hält. Offensichtlich erfährt der Befrager mehr, wenn er den Befragten das verbale Material selbst strukturieren läßt. Diesen Weg ging Freud. Er verweigert sich zwar bis zu einem gewissen Grade

Was seine Gestalt betrifft, so hatte er rötliches Haar und graublaue Augen. –

Da er von Jugend auf an Arbeit, mäßige Lebensart und Kriegsdienste gewohnt war, so hatte er eine treffliche Leibeskonstitution, die ihm Kraft und Gesundheit verlieh. Den mündlichen Vortrag suchte er wie einen zweiten Körper, wie ein nicht bloß notwendiges, sondern anständiges Werkzeug für einen Mann, der nicht in Niedrigkeit und Untätigkeit leben wollte, sorgfältig auszubilden, indem er in den umliegenden Flekken und Städten jedem, der ihn darum bat, vor Gericht Beistand leistete. Er zeigte sich nicht nur bei Prozessen und Rechtssachen frei von aller Geldgier, sondern man sah auch deutlich, daß er sich aus dem Ruhme, den ihm solche Bemühungen eintrugen, nicht viel machte; weit mehr suchte er sich durch Kriegsdienste und Schlachten gegen die Feinde hervorzutun, und daher war sein Leib schon in Jünglingsjahren auf der Brust mit Narben bedeckt.

Cato gelangte durch seine Beredsamkeit zu immer größerem Ruhme, und man nannte ihn allgemein den römischen Demosthenes; aber noch mehr Aufsehen und Bewunderung erregte seine Lebensweise. Denn die Geschicklichkeit im Reden war schon lange für die jungen Römer ein Gegenstand des Fleißes und der Anstrengung, worin sie miteinander wetteiferten; ein Mann hingegen, der nach alten Sitten mit eigenen Händen arbeitete, der sich mit einem einfachen Abendessen, mit kaltem Frühstück, mit einfacher Kleidung und einem gewöhnlichen Wohnhause begnügte; der es höher schätzte, überflüssiger Dinge nicht zu bedürfen als sie zu besitzen, ein solcher Mann war eine große Seltenheit . . .

Er trug, wie er selbst sagt, niemals ein Kleid, das mehr als hundert Drachmen kostete, trank auch als Prätor und Konsul mit seinem Gesinde denselben Wein und ließ zu seinem Abendessen vom Markte nur für dreißig As Speisen holen und dies des Staates wegen, damit sein Körper die zum Kriegsdienste nötigen Kräfte habe. Einen buntgewirkten babylonischen Teppich, den er geerbt hatte, verkaufte er auf der Stelle; er ließ keines von seinen Landhäusern übertünchen; er kaufte nie einen Sklaven, der mehr als fünfzehnhundert Drachmen kostete, weil er, wie er sagte, keine zärtlichen, schöngebildeten, sondern arbeitsame, handfeste Leute zu Pferdeknechten und Ochsentreibern brauchte. –

Cato war aber auch ein guter Vater, ein liebevoller Gatte, auch tüchtig im Gelderwerb; darum sich zu kümmern hielt er für eine wichtige Sache, die nicht nur einfach im Vorbeigehen erledigt werden könne; deshalb glaube ich auch davon noch das Nötige sagen zu müssen. Er heiratete eine Frau, die von edler Geburt, aber nicht reich war, weil er glaubte, daß zwar alle Frauen, die vornehmen wie die reichen, einen gewissen Stolz und Dünkel besitzen, die von edler Geburt aber sich vor schändlichen Dingen mehr scheuen und sich daher von ihren Gatten weit leichter zum Guten leiten lassen. –

Noch eindrücklicher war es, daß er jedesmal wenn er über eine Sache ein Gutachten erstattete, mit den Worten schloß: Übrigens bin ich der Meinung, daß Karthago fallen muß.

(Heldenleben, um 100 a.D.)

Plutarch lebte im römischen Weltreich, er schreibt griechisch, die Sprache der Gebildeten. Seine Porträts sind die einflußreichsten der Antike, sie beeinflussen bis heute unsere Beschreibung der großen Männer und haben auf die Literatur eingewirkt (Montaigne, Shakespeare). Im Gegensatz zu den griechischen Bestrebungen, die das Übergreifende, das Allgemeine, den Typus zu erfassen suchen, gilt Plutarchs Interesse der Individualität. Dabei teilt er auch Anekdoten mit. Woher diese neue Stufe der Besinnung stammt, ist fraglich. Jedenfalls finden wir eine Parallele in der bildenden Kunst. Bei den Römern genügt die Büste mit dem individuellen Gesicht, um den Menschen zu kennzeichnen. Die Griechen wollten ihn immer als ganze Figur und idealisiert sehen.

Oft klingen auch bei Plutarch moralisierende Stereotypen an. Hier die vom guten Vater und von der dünkelhaften Frau. Aber dann hören wir doch wieder Einmaliges, Individuelles. Mit seinem stets wiederholten: Ceterum censeo Carthaginem esse delendam finden wir jedenfalls einen frühen Hinweis auf die Perseveration als Persönlichkeitsmerkmal.

---

dem Patienten als Partner (indem er unsichtbar am Kopfende des auf der Couch Ruhenden sitzt, indem er vor zu großer innerer Zuwendung zum Patienten, der „Gegenübertragung“ warnt). Aber er hört zu. Er dehnt die Befragung aus auf mißachtetes, vernachlässigtes Material, das über das Unbewußte Aufschluß geben soll. Der Königsweg in diesen Bereich ist die Traumdeutung.

Auf den Gedanken Freuds aufbauend entwickelten andere Forscher besondere Instrumente für die Aufdeckung unbewußter Inhalte, die Projektionstests. Die bekanntesten sind der Formdeuteversuch von Rorschach, der Thematische Apperzeptionstest (TAT) von Murray und der Scenotest von v. Staabs.

Beim Rorschach werden der Vp. 10 Klecksbilder mit der Aufforderung vorgelegt zu sagen, „was könnte das sein“. Der erfahrene Psychologe wird den Antworten manchmal Hinweise auf neurotische oder psychotische Tendenzen entnehmen. Ängste, Depressionen aber auch epileptische und schizoide Symptome wie auch geistige Beweglichkeit und Originalität zeichnen sich im Test oft ab.

Der TAT kann Licht auf die Hoffnungen, Phantasien, Befürchtungen, geheimen Ziele und Eifersüchte eines Menschen werfen. Elfriede Höhn (1952) glaubt, mit seiner Hilfe auch die „verbrecherische Phantasie" entlarven zu können. Während anständige Bürger in ihren Erzählungen allfällig auftretende Übeltaten beim Namen nennen, werden diese vom Gesetzesbrecher verbal vertuscht. Es heißt dann nicht mehr Morden, Einbrechen, Vergewaltigen sondern „ein Ding drehen" oder schlichter nur „machen", „tun".

Der Scenotest ist ein Spieltest, der oft bei Kindern eingesetzt wird. Das Spiel mit der Sceno-Kuh soll etwa die unbewußten Beziehungen des Kindes zu seiner Mutter entlarven.

Daß die menschlichen Taten, seine Werke für seine Beurteilung wichtiger sind als seine Worte, seine Phantasien oder Sehnsüchte, ist ein alter Gedanke. Vor dem Totenrichter im alten Ägypten zählen die frommen Werke. Auf den Darstellungen in den Gräbern ist die genaue Anzahl der während des Lebens der Gottheit geopferten Tiere deutlich zu ersehen. An ihren Früchten sollt ihr sie erkennen! Die Analyse des Werkes wird von Hegel als der wichtigste Zugriff zum Charakter eines Menschen angesehen. Sowohl Marx und der Materialismus wie auch die geisteswissenschaftliche Psychologie, insbesondere Dilthey folgen diesem Grundgedanken. Aus einer Retrospektive des Werkes von Picasso erfahre ich viel über den Menschen, möglicherweise mehr als im Gespräch, durch einen Fragebogen, oder wenn ich ihn beim Verlegenheitskratzen oder Nasebohren beobachte.

Während menschliche Rede, menschliches Verhalten flüchtig sind, ist das Werk beständig. Durch ständig wiederholte Analyse sind die Erkenntnisse überprüfbar. Mit Hilfe der technischen Aufzeichnung rücken aber heute Beobachtung und Befragung in die Nähe der Werkanalyse. Mimik, Gestik, Stimme, Gang lassen sich ebenso fixieren und damit analysieren wie Handschrift und Stil.

Keine der genannten Methoden gewährt einen unmittelbaren Zugriff zur Persönlichkeit. Stets haben wir nur Bruchstücke in den Händen, die wir neu zusammensetzen müssen, manchmal anders als die Vp. Eine Reihe störender Faktoren schieben sich zwischen den Forscher und sein Gegenüber. Einmal die Verstellung. Jeder Mensch hat ein bestimmtes Selbstbild, das er dem Psychologen vermitteln möchte. Und auch für diesen ist der Akt der Erfassung, der Beurteilung ein Vorgang, bei dem Persönlichkeitsfaktoren mitspielen.

Typische Beurteilungsfehler sind der Halo-Effekt, und der Milde-Effekt. Halo ist die englische Bezeichnung für den Hof um den Mond. Asch (1946) zeigte, daß allein durch den Austausch der Eigenschaft warm/freundlich gegen die Eigenschaft kühl/abweisend ein sonst identisches Eigenschaftsprofil eines Menschen einen völlig veränderten Eindruck hinterläßt. Die Massenmedien bedienen sich dieser Technik. So stimmt der „Spiegel" seine Leser mit der Bemerkung „strammer Rechter" ein, wenn er ein wenig erfreuliches Bild eines Menschen zeichnen will. Der Milde-Effekt kann aus der Anpassung äußerlicher Daten an mein Bezugssystem interpretiert werden. Einen Kandidaten werde ich dann milder beurteilen, wenn er einen Fehler macht, den ich früher selbst begangen habe. Richter legen oft als Maßstab an die Taten der Delinquenten dieses eigene Bezugssystem. Traut sich der Richter eine ähnliche Verhaltensweise zu, so ist sie verzeihlich, traut er sie sich nicht zu, ist sie verdammenswürdig. Auch hier muß es das Ziel der Psychologie sein, das eigene starre Bezugssystem zu erweitern. Nihil humanum a me alienum puto.

Aber selbst bei einem weiten Horizont des Beurteilers kann die Persönlichkeitsanalyse schlecht gelingen. Dies kann an einem Ausdrucksmangel liegen. Ein bedeutender Mann kann eine nichtssagende Mimik besitzen. Auch Handschrift oder Gang sind manchmal stumpf, dünn. Selten schweigen allerdings alle Ausdrucksfelder.

Es ist deshalb hilfreich, die Analyse in einem Doppelschritt zu vollziehen. Der Datenerhebung sollte die Interpretation folgen.

Im übrigen ist die Methodik nicht das alleinige oder hauptsächliche Kriterium der Wissenschaftlichkeit. Wissenschaftlichkeit heißt Überprüfbarkeit, Auswechselbarkeit, Verbesserungsfähigkeit. Und nur insofern ist die Methodik wichtig, als sie eine leichtere Falsifizierbarkeit der Aussagen erlaubt. Wer allerdings glaubt, mit Hilfe unumstößlicher Methoden einen unerschütterlichen Grund zu legen, ein festgefügtes Lehrgebäude zu errichten, der irrt.

0.5 Historische Entwicklung des Sinnes für das Individuelle

Nicht durch Introspektion erfaßt man die menschliche Natur. Was der Mensch sei, sagt uns die Geschichte.
Dilthey

Viele Zeiten und Kulturen kennen die individuelle Persönlichkeit kaum. Sie ist vielmehr ein charakteristisches Ergebnis der abendländischen Kulturentwicklung. In ihrem Verlauf schärfte sich in einigen Epochen dieser Sinn für das Individuelle: in der klassischen Antike, in der Renaissance, in der Goethezeit und im Historismus des 19. Jhs. Rückfälle in kollektivistische Betrachtungsweisen, in denen die Individualität des einzelnen unwichtig wurde, gab es aus verschiedenen Gründen. Im Mittelalter war die Religion die Ursache, heute triumphiert die Massengesellschaft. Neben einem geradezu überspitzten Drang zur Individualisierung (bei Fernsehsendungen erfahren wir neuerdings den Namen der Sprecher, der Techniker, der Tonmeister, des letzten Skriptgirls, auf den Theaterprogrammen ist neben dem Regisseur auch die Souffleuse, – bei den Bühnen der Stadt Bonn auch Garderobenpersonal und Raumpflegerinnen – namentlich festgehalten) finden wir den großen Zug zum Anonymen, zum „Man", den „Aufstand der Massen" (Ortega y Gasset), in dessen Strudel jeder hineingezogen wird, wie dies Charly Chaplin in „Modern Times" dramatisch gestaltet. Die großen Städte reduzieren ihre Bewohner zum unauffälligen Herdentier, Mode und Massenverkehr, Computer und Reihenhäuser produzieren Menschen ohne Gesicht, wie uns dies der Pop-Künstler Segal plastisch vor Augen führt.

Neben diesem eher zwangsläufigen und ungewollten Effekt der Entwicklung tritt die bewußte Absage an die Individualität in den kommunistischen und teilweise auch in den sozialistischen und alternativen Bewegungen. Das Kollektiv wird über das Individuum gestellt. Deshalb hatte es die Persönlichkeitspsychologie in der DDR schwer. Zwei ideologische Strömungen bekämpfen den Individualismus. Einmal die Richtung, die im Staatssozialismus das Heil sieht und als Vorbild asiatische Organisationen (Wittfogels hydraulischen Sozialismus), das Reich der Inkas sucht, aber auch der Sozialismus der Ketzerbewegungen (Katharer, Wiedertäufer) und der utopische Sozialismus der Philosophen und Romanciers (Thomas More, Campanella) (Schafarewitsch 1980). Auch wenn in diesen Strömungen kein „Steinzeitkommunismus" angestrebt wird, so ist es doch verständlich, daß man sich zu den Bewußtseinsformen der Jäger- und Sammlerkulturen mit ihrem relativen Wohlstand zurücksehnt, in denen die Menschheit den bei weitem längsten Teil ihrer Existenz gelebt hat. Die Individualität ist in ihrer abendländischen Form jedenfalls nicht ganz so leicht erträglich.

Die unvorstellbar langen Perioden der menschlichen Vorgeschichte liegen im Dunkel der Anonymität. Wir kennen keinen der Schöpfer der großen Höhlenmalerei der späteren Steinzeit, kein individuelles Mitglied der frühen Jäger-, Sammler- und Bauernkulturen. Wir wissen von keinem einzigen Germanen (mit der Ausnahme Theoderichs) wie er ausgesehen hat. Die „Heilseinheit der Sippe" ist im germanischen Altertum das ursprüngliche Band, das so fest ist, daß „Individuen anscheinend garnicht selbständig handeln, ja garnicht für sich existieren können" (Grønbech).

Die ersten uns individuell bekannten Menschen treten erst in den Hochkulturen (zusammen mit der Entdeckung der Schrift) auf. Es sind die Pharaonen des Alten Reiches und ihre höchsten Beamten (in Ägypten) und (etwa gleichzeitig) Priesterkönige in Mesopotamien. Das Interesse der Ägypter an der Individualität hängt mit ihren Auffassungen vom leiblichen Weiterleben im Totenreich zusammen. Im weiteren Verlauf der ägyptischen Geschichte entwikkelt sich die Fähigkeit, Gesichter zu sehen und darzustellen. Etwa von der 5. Dynastie an kennen wir von Pharaonen „fahndungsfähige" Abbildungen. Die Königin Nofretete oder den Pharao Echnaton würden wir heute vermutlich auf der Straße wiedererkennen.

Auf diesen Errungenschaften baut unsere Kultur auf, die eine Fortentwicklung der frühen Mittelmeerkultur darstellt. Unsere Auffassung von der Persönlichkeit ist also nicht nur das Ergebnis der Geschichte sondern eines individuellen, einmaligen historischen Prozesses, der in Ägypten und Mesopotamien beginnt und über die klassische Antike in Europa wirksam wurde.

Die griechische Revolution legt die erkenntnistheoretischen Grundlagen der abendländischen Weltauffassung, die erst in unserer Zeit infrage gestellt werden. (Feyerabend 1975; 310ff) „Der erkennbare Anfang ist gleichsam das erste Ich-Sagen bei Hesiod um 700 v.Chr." (Misch 1949; I, 1; 78), 73). Um jene Zeit „erhebt sich, meist nur schattenhaft für uns, aber unverkennbar die erste Schar selbständiger Persönlichkeiten von europäischem Gepräge, zunächst in der voraneilenden ionischen Küsten- und Inselwelt: religiöse Prophetengestalten, die politische Individualität des Usurpators, subjektive, lyrische Dichter, Denkerpersönlichkeiten. Nahezu gleichzeitig, aber beschränkt auf das religiöse Leben, kommt dann durch den Geist der Propheten in Israel seit dem 7. Jh. die Emanzipation des Individuums in die Wege, die einst in den Gang der Weltkultur einmünden sollten. . ." Die Griechen reklamieren die Errungenschaften der Individualität, die in den früheren Kulturen den Gottkönigen und ihren engeren Vertrauten vorbehalten waren, für jeden einzelnen (oder doch für jedes freie Mitglied der Gesellschaft), denn Sklaven zählten nicht als Personen. Auch den Frauen wurde noch im alten Rom kaum ein eigener Vorname zugestanden. Sie wurden durchnumeriert wie Rekruten oder Gefangene. Die Älteste hieß oft Prima, die zweite Secunda usf.

Auch bei den Griechen geht der Weg zur Individualität Schritt für Schritt. Sie wird zunächst äußerlich aufgefaßt. Den König erkennt man an der Krone. Der Mensch wird durch die Tat charakterisiert. Die Tyrannenmörder erkennt man an ihrem Mord, nicht am Gesicht. Die uns bekannten Bilder aus der Zeit vor Aristoteles sind meist typisierend. Das verbreitete Bild des Sokrates ist kaum als Portrait aufzufassen, eher als Anwendung eines Schemas – hier des häßlichen Silens – auf die Darstellung einer Person, die vermutlich etwas anders ausgesehen hat. Diese Bilder sind idealtypisch. Die Büste des Perikles soll die Schönheit und Tadellosigkeit, auch die demokratische Gesinnung demonstrieren, nicht so sehr die Individualität.

Buschor (1960; 95) sieht das frühe Griechentum als eine „vorpersönliche Welt". Einer der ersten in unserem Sinn individuell faßbaren Menschen ist Themistokles. In der Zeit des Aristoteles setzt sich dann die empirische Forschung und der Sinn für das abbildende Portrait durch. Von einem Schüler des Aristoteles, dem Theophrast, stammt auch das erste Lehrbuch der Persönlichkeitspsychologie. Es heißt „Die Charaktere". Nicht nur das Wort Charakter sondern auch die anderen Begriffe, mit der wir die Individualität erfassen, stammen aus der Antike. (Koch 1960)

Abbildung 2: Prinz Rahotep und Prinzessin Nofret. Ägypten, altes Reich, etwa 2500 vor Chr.

Der Prinz und die Prinzessin gehören zu den ersten Menschen der Geschichte, über deren Aussehen wir unterrichtet sind. Allerdings handelt es sich bei diesen lebensgroßen bemalten Kalksteinstatuen um keine Portraits, sondern um Kultfiguren, die in einer Grabkammer standen. Sie sind, so könnte man sagen, Fetische, denen im Ritus die Seele (der Ka) wieder eingehaucht wurde. Damit der Ka seinen ihm zugehörigen Körper wiederfindet, suchten die Ägypter die Statue mit Identifikationsmerkmalen zu versehen. Dazu gehörte zuerst der geschriebene Name auf der Standplatte, später auch physiognomische Besonderheiten. Der Prinz war ein Sohn Snofrus, des Begründers der vierten Dynastie, der die großen Pyramidenbauer angehörten.

W. Wolf (1957; 135f.) beschreibt das Doppelbildnis: „Die kräftige breite Bauerngestalt mit breiter Schulter, gewölbter Brust und muskulösen Armen und vor allem der derbe, zugleich aber auch intelligente Gesichtsausdruck verraten uns, aus welchem Schlage das Königsgeschlecht war, das den Staat der 4. Dynastie aufbaute. Sie steht zu der zarten Nofret in einem starken Kontrast. In ihr ist die Schönheit des weiblichen Körpers erstmalig bewußt gestaltet."

Der Sinn für das Individuelle und die Möglichkeit, ihn auszudrücken, wuchs im Laufe der ägyptischen Geschichte. Vor den hier gezeigten Bildern gibt es allenfalls Anklänge an portraithafte Einzelheiten bei Statuetten aus der zweiten Dynastie und bei einer Statue Djosers aus der dritten Dynastie.

Im mittleren Reich (11–14. Dynastie) finden wir dann die sprechenden Idealportraits, die im neuen Reich vervollkommnet werden. Weltbekannt sind die Bildnisse Nofretetes und Tut-anch-Amons aus der 18. Dynastie.

Das lateinische Wort Persona bedeutet ursprünglich die Theatermaske. Es kommt wahrscheinlich vom etruskischen Phersu. Dies ist der Name eines Unterweltgottes. „Von da aus verstehen wir sogleich, warum innerhalb des Lateinischen die Gesichts- und Theatermaske als persona, d.h. als kleiner Phersu bezeichnet werden konnte; sie machte nur einen geringen Teil der Gesichtsmaskierung aus“ (Altheim 1929; 44). Hinter der Ausweitung des Begriffes vom Schauspieler auf den Menschen schlechthin steht wohl ein platonischer Gedanke.

In der römischen Lebensphilosophie stoischer Richtung wird die „unermeßliche Mannigfaltigkeit der menschlichen Individuen nicht nur im Hinblick auf die äußere Erscheinung. . . sondern nach Natur und Charakter ans Licht gestellt.“ Der Ausdruck „das Ich“ wird von Plotin in die antike Philosophie eingeführt „und wir gehen kaum fehl, wenn wir seine Konzeption der ‚individuellen Ideen‘ neben die christliche Anschauung von dem unbedingten Wert der Einzelseele stellen.“ (Misch 1950, I; 599ff., 405) Plotin sieht in der Individualität „etwas Ursprüngliches“. „Die mannigfaltige Verschiedenheit ist etwas Schönes.“ „Friedrich Schlegel, der, soviel wir sehen, den Ausdruck Individualität in die moderne Literaturwissenschaft eingeführt hat. . . beschrieb das, was Plotin im Sinne hatte, wenn er von einem ‚Sokrates an sich redete‘, als den ‚in Begriffe gefaßten Geist eines individuellen Lebens‘“.

In den Wirren der Völkerwanderung geht das Interesse an der Individualität auf Jahrhunderte wieder verloren. Bei den Menschendarstellungen des romanischen Baustils fehlt das Portrait. „Keinem einzigen Menschen des 11. und 12. Jhs. können wir jemals ins Gesicht sehen.“ „Das Menschengesicht des Abendlandes bleibt uns in seiner individuellen Prägung bis ins 13. Jh. hinein stumm verborgen hinter allgemeinen Formeln“. (Gantner 1958; 43) Das hohe Mittelalter nennt Misch (III; 1294) die „Inkubationszeit des abendländischen Individualismus.“

Das Portrait entwickelt sich im 14. Jh. langsam aus dem Grabbild und dem Stifterbild. „In der mittelalterlichen Kunst geht es um das Typische des Menschenbildes. Portraittreue im Sinne einer Individualität setzt einen Selbstwert des Körpers vorraus, der dem mittelalterlich-christlichen Denken widersprach“. (P. Bloch 1980; 119) Eine philosophische Grundlage dieser Entwicklung legten die Nominalisten (Duns Scotus, William Occam) des Franziskaneror-

Abbildung 3: Bildnis des Themistokles, Athen um 470 v. Chr.

Eines der ersten abendländischen Portraits. Zwar werden vorher in der archaischen Zeit schon Menschen abgebildet, auf den Grabstätten junger Kriegshelden waren unbekleidete Ganzfiguren der Toten aufgestellt, sog. Kouroi, doch bleibt hier die Darstellung typenhaft. Die Gesichter zeichnen sich allgemein durch ein genormtes aristokratisches Lächeln aus.

Auch gab es vorher schon ein persönliches Denkmal, (das erste das nicht im religiösen Zusammenhang stand). Athen ließ es 477 den Tyrannenmördern Harmodios und Aristogeton errichten. Aber hier werden die Helden noch nicht durch ein individualisiertes Gesicht, sondern durch ihre Tat gekennzeichnet. Auch die bekannten Abbildungen von Homer und Sokrates sind keine Portraits in unserem Sinne. Homer wird als Blinder dargestellt, das Bild verkündet damit zugleich eine Lektion: die Wahrheit im Inneren zu finden. Das Portrait des Sokrates ist an das Bild des häßlichen Silen angelehnt.

Erst mit der Einführung der Demokratie entstand das individualisierte Portrait. Themistokles war radikaler Demokrat, setzte die Aufrüstung der Flotte durch und schlug die Perser 480 bei Salamis. „In beispielloser Weise dokumentierte eine solche Karriere die Tragweite persönlicher Leistungen und die Möglichkeit, etablierte Verhaltensregeln zu durchbrechen. Nicht zufällig findet sich bei einem antiken Biographen der bezeichnende Satz: Themistokles habe sich auf allen Gebieten von allen anderen Menschen unterscheiden wollen.“. (Luca Giuliani 1980; 45ff.).

Schon bei Perikles wird dann die radikale Individualisierung aufgegeben. Das Portrait wird geschönt, ästhetisiert. „Jede Individualisierung hätte die Person des Perikles wieder in den Vordergrund gerückt und die allgemeine Gültigkeit dadurch eingeschränkt.“ (Giuliani 1980; 62) dens. Der Ordo-Gedanke des Mittelalters zerbrach, der die Besonderheit des Einzeldings und Einzelwesens metaphysisch auf den übergreifenden, tragenden Zusammenhang bezog, der allein am Sein teilhatte.

Jacob Burckhardt sieht in der florentiner Renaissance die moderne Auffassung von der Individualität in ihrem vollen Umfang zuerst aufleuchten.

„Im Mittelalter lagen die beiden Seiten des Bewußtseins – nach der Welt und nach dem Innern des Menschen selbst – wie unter einem gemeinsamen Schleier träumend und halbwach. Der Schleier war gewoben aus Glauben, Kinderbefangenheit und Wahn; durch ihn hindurch gesehen erschienen Welt und Geschichte wundersam gefärbt, der Mensch aber erkannte sich nur als Rasse, Volk, Partei, Korporation, Familie oder sonst in irgendeiner Form des Allgemeinen. In Italien zuerst verweht dieser Schleier in die Lüfte; es erwacht eine objektive Betrachtung und Behandlung des Staates und der sämtlichen Dinge dieser Welt überhaupt; daneben aber erhebt sich mit voller Macht das Subjektive, der Mensch wird geistiges Individuum und erkennt sich als solches." Die Würde des Menschen, die nach Ansicht der Kirchenväter aus seiner Gottähnlichkeit stammt, wird jetzt in seiner einmaligen Persönlichkeit gesucht (Chastel u. Klein 1963; 26). Der Mensch ist das „Modell des Kosmos" (Cassirer 1927).

„Der Individualismus wurde das Kennzeichen der modernen Welt". „Es beginnt der Kultus der ‚klassischen Stätten', der Geburtshäuser und Gräber berühmter Leute; die Plätze der Städte und die Fassaden der Paläste bevölkern sich mit den Denkmälern der Ahnen in Erz und Stein, ein maßloser Ehrgeiz und Durst nach Größe strebt selbst nach herostratischem Ruhme." (Schnabel 1959; 23)

Auch auf religiösem Gebiet bricht sich der Individualismus in der Renaissance seine Bahn. „Wenn Martin Luther im Ringen um einen gnädigen Gott einsam und auf eigenen Wegen sich sein Verhältnis zum Unendlichen suchte und wenn er die ‚Freiheit eines Christenmenschen' darin sah, daß der Einzelne von allen Ängsten und Abhängigkeiten sich löst allein im zutrauenden Bewußtsein der göttlichen Gnade, so hob er die Persönlichkeit aus der Überlieferung und aus den objektiven Zusammenhängen des Lebens, stellte sie ausschließlich auf sich selbst und suchte sie in unmittelbare

Beziehung zu Gott zu setzen. Die Überzeugung von der Unverlierbarkeit der Gnade bezeichnete den äußersten Punkt, den menschliche Selbstgewißheit und das Selbstgefühl der Persönlichkeit überhaupt zu erreichen vermochten, und aus der logisch am strengsten durchgeführten Glaubenslehre des Protestantismus, aus der Lehre des Kalvin ist diese Möglichkeit, die aktive Energie und das Bewußtsein der Persönlichkeit zu steigern, am stärksten entwickelt worden.“ (Schnabel 1959; 21 f.)

Seit Antonello da Messina, Raffael und Tizian ist ein Portrait „a statement of the artist on the sitter's personality“ (Pope-Henessy 1979: 205, 105). Leonardo erfand das autonome Portrait. Die Bildnisse der Ägypter, der Hellenen und auch der Römer hatten stets im Dienste der Religion (insbesondere des Totenkultes) oder der politischen Propaganda gestanden (wie etwa bei den vielen über das ganze Reich verbreiteten Bildern der römischen Kaiser). Jetzt geht es den Künstlern um die Darstellung des „Mysteriums und der Einzigartigkeit der menschlichen Persönlichkeit“.

Buschor (1960; 52) unterscheidet drei Bildnisstufen: das Urportrait (der Priesterkönig wird als Kraftwesen in der Fülle seiner Gottnähe dargestellt), das Daseinsportrait (das Leben wird als Sein erfaßt, als der Ewigkeit angehörend festgehalten) und das Erscheinungsportrait, das in der Renaissance entsteht.

Um die „Bewegung des Geistes“ im Bild festzuhalten, erfand Leonardo eine besondere Beleuchtung, ein Helldunkel, das die menschliche Mimik und Gestik recht herausbringt.

Der uomo universale, die allumfassende Persönlichkeit, der virtuoso ist eines der Renaissance-Ideale.

Im 18. Jh. begeistert sich der Sturm und Drang für das Universal-Genie. Dieser Kult der Persönlichkeit wird in der späteren Goethezeit verinnerlicht. Da es offensichtlich wenig sinnvoll war, in den politischen Gang der Weltgeschichte einzugreifen, wurde nun die Ausbildung der eigenen Persönlichkeit als „höchstes Glück der Erdenkinder“, als ein letzter Zweck des irdischen Lebens aufgefaßt.

Auch Rousseau betont in seinen „Bekenntnissen“ seine Einmaligkeit in zugespitzter Form. „Die Natur hat die Form zerbrochen, in der sie mich gegossen hat.“ Wilhelm v. Humboldt sieht in der Individualität den letzten und höchsten Sinn der Weltgeschichte.

Das folgende Jahrhundert verfeinerte den Blick für individuelle Besonderheiten. „Jede Epoche ist unmittelbar zu Gott“ formuliert Ranke eine Erkenntnis, die als Motto über den Bemühungen des Historismus im 19. Jh. stehen könnte.

Und ähnlich wie die vorher mißachteten Epochen des Interesses der Forschung wert sind, so um so mehr alle Formen menschlicher Existenz. Während das 16. Jh. Kinder noch als kleine Erwachsene portraitierte, entdeckt Rousseau und dann die Romantik die Eigenart des Kindes.

War in den vorhergegangenen Jahrhunderten die Persönlichkeit ein Attribut für außergewöhnliche Menschen gewesen, so wird sie jetzt Ziel und Anspruch für jedermann.

Der Naturalismus wendet sich der Besonderheit des einfachen Mannes zu. Mit der Emanzipation der Frau wird auch deren Persönlichkeit neu definiert. Die Eigenart der Naturvölker, der Unterdrückten, der Gefangenen wird zunehmend respektiert, manchmal verherrlicht. In unserem Jahrhundert versucht man schließlich in zunehmendem Maße die Bedürfnisse und Besonderheiten der Behinderten zu erkennen.

0.6 Das Selbstbild

Ich bin ein Berliner. J.F. Kennedy

Das deutsche Strafrecht definiert die Grenzen unseres Körpers genau. Wenn ich jemanden den Stiftzahn ausschlage, so handelt es sich um Körperverletzung. Steche ich dagegen jemandem mit einem Messer in sein Holzbein, so ist das eine Sachbeschädigung. Die Juristen haben sehr spitzfindige Argumente für diese feinen Unterscheidungen. Psychologisch gesehen kann ein Holzbein durchaus zur Ichsphäre gerechnet werden, der Stiftzahn aber unter Umständen nicht. Dies beweist eine extreme Auffassung aus der Antike. „Von Plotin, dem Begründer der neuplatonischen Schule, berichtet sein Schüler Porphyrios, daß er sich schäme, in einem Leib zu wohnen“. Seine körperliche Erscheinung sei einer Darstellung nicht wert. Nur die Seele sei wichtig. (P. Bloch 1980) In diesem sehr engen Selbstbild wird selbst der Körper ausgeklammert, eine Unterscheidung der Ich-Nähe zwischen Stiftzahn und Holzbein erübrigt sich.

Der Existentialismus unterscheidet zwischen Leib und Körper. Der Leib bin ich, den Körper habe ich. Zu den einzelnen Partien seines Körpers kann der Mensch Stellung nehmen und sie mehr oder weniger in sein Selbstbild einbeziehen. Er kann ja sagen zu seinem dicken Hinterteil, zu seiner Hakennase, zu seinen Sommersprossen. Er kann aber auch sein rotes Haar ablehnen, weil es ihn an seine verhaßte Großtante erinnert. Auch ambivalente Stellungnahmen zur Körperlichkeit und zu einzelnen Körperteilen sind möglich. Meinen Körper hast du gehabt, meine Seele nicht! ruft die stolze Schöne ihrem Liebhaber höhnisch zu und vollzieht damit eine Denkfigur des großen Plotin nach, ohne dies recht zu wissen.

Eine wichtige Dimension des Selbstbildes ist seine Ausdehnung. Thomae (1968; 256) zeigt, daß sich in diesem Punkte die Menschen deutlich unterscheiden. Manche beziehen körperliche Qualitäten, andere vor allem intellektuelle Fähigkeiten mit ein, wieder andere vor allem soziale Umstände. Deren Selbstbild ist davon abhängig, wie beliebt oder geschätzt sie sind. Name und Familie können wichtig sein. Thomaes Paradebeispiel eines 32jährigen Kaufmanns: „Mein Großvater war kaiserlicher Leibdiener und meine Großmutter kaiserliche Chefköchin in Berlin.“ Die Kleidung kann zum Selbstbild gehören. Kaiser Wilhelm II. besuchte eine Aufführung von Wagners Fliegendem Holländer in Admiralsuniform. Solchenizyn beschreibt das depersonalisierende Ritual bei der Einlieferung eines Häftlings in die Lubljanka.

Der Besitz kann das Selbstbild prägen. Sportwagenfahrer identifizieren sich manchmal mit ihrem Fahrzeug und empfinden geradezu körperlichen Schmerz, wenn der geliebte Porsche eine Macke abbekommt. Schon die Sprache empfindet diese Regung nach: Jemand ist mir hineingefahren, statt: in meinen Wagen hineingefahren. Mercedes-Fahrer haben den Stern nach der Auffassung von Neidern nicht nur auf dem Kühler, sondern auch im Gehirn.

Beruf und Ausbildung können das Selbstbild bestimmen. Man ist Akademiker, Humanist, Gymnasiast, hat das Abitur oder doch zumindest das Einjährige. Standesdünkel gibt es bei Blaublütigen, aber auch bei klassebewußten Proletariern. Lehrling oder gar Stift sind allerdings heute als Bestandteil des Selbstbildes kaum gefragt, man ist jetzt Azubi.

Auch mit der Lektüre kann man sich identifizieren und sie als Bestandteil des Selbstbildes ansehen, wenn man sich etwa als Karl-May-Leser, Snoopy- oder Asterix-Fan definiert. Je ausgefallener eine Lektüre oder ein Produkt ist, umso genauer lassen sich typische Leser oder Benutzer bestimmen, also Porsche-Fahrer genauer als VW-Fahrer, Geo-Leser leichter als Bild-Leser. Zugleich ist bei den kleinen Marken oft die Bereitschaft größer, sich mit ihnen zu identifizieren. Hemingway berichtet in seinen Short Stories von einem Schweizer, der sich als einer der beiden Abonnenten des National Geographic in diesem Lande bezeichnete. Selbst negative Identifikationen können in das Weltbild eingehen: Wenn sich jemand als leidenschaftlicher Nicht-Fernseher, ideologischer Nicht-Autofahrer, als Nichtraucher oder gar als Nicht-Tänzer auffaßt. Wer sich als Weintrinker sieht („Ich bin a stiller Zecher. . .“), identifiziert sich mit der christlichen Kulturdroge und erhöht sein Selbstwertgefühl gegen anders Denkende (etwa solche, die sich den Drogen anderer Kulturkreise wie Haschisch oder Opium zuwenden) und gegen anders Handelnde (Wie, sie trinken nie Alkohol?): Wer niemals einen Rausch gehabt, das ist kein rechter Mann.

Da wir gesehen haben, daß sich der Gedanke der Individualität erst sehr mühsam in einem verschlungenen historischen Prozeß aus der Kollektivität gelöst hat, ist es kaum verwunderlich, daß sich auch heute das Selbstbild gern auf Heimat, Stamm und Volk stützt. Mir san mir, sagt ein Bayer und das gibt zunächst einmal ein sehr gutes Gefühl. Die Kölner betrachten die Schönheit und Majestät ihres Domes als eine Art persönliches Verdienst, und in Zermatt bekommt man das Matterhorn auf dem Frühstücksgeschirr ebenso zu sehen wie auf dem gestickten Bettbezug. Die Tendenz, die eigene Heimat (kein schöner Land in dieser Zeit als hier das unsre weit und breit), das eigene Volk als Mittelpunkt der Welt zu sehen (was der amerikanische Ethnologe Summer Ethnozentrismus genannt hat), gibt ein Selbstbild, das weniger zu Neurosen neigt. Gegentendenzen gegen diese dem eigenen Kirchturm verhafteten Einengungen finden wir schon in der Stoa, die vom Weltbürger schwärmte und von dem Menschen, der auf nichts anderes stolz ist als auf sein Menschsein. In diesem Sinne dichtete auch Goethe:

Abbildung 4: Bildniskopf des Aristoteles, Athen spätes 4. Jahrhundert v. Chr.

In der Zeit des Aristoteles beginnt die wissenschaftliche Erfassung der Individualität. Er beobachtet die Natur und versucht die Besonderheit ihrer einzelnen Erscheinungen auch logisch zu erfassen. Von seinem Schüler Theophrast stammt das erste Buch über Charakterkunde, das bis in die Neuzeit gewirkt hat.

Auch in der bildenden Kunst wird die Individualität tiefer erfaßt und die empirische Methode aufgegriffen. „Im Umkreis des Lysipp wird zum erstenmal mit Gipsabdrücken von Gesichtern experimentiert." „Der Bildhauer geht nicht mehr von einem normalen Idealtypus aus, sondern von dem individuellen Sachverhalt, den er im Abdruck festhält." (Giuliani 1980; 65)

Macht nicht so viel Federlesens,
Schreibt auf meinen Leichenstein:
Dieses ist ein Mensch gewesen
Und das heißt Kämpfer sein.

Man sieht: auch Grabinschriften könnten als persönlichkeitspsychologische Quelle genützt werden.

Manche Menschen sehen sich mit einem Heiligenschein. Aber bei wenigen dürfte dies so weit gehen wie bei dem oströmischen Kaiser Konstantios II., Sohn Konstantin des Großen. Er fuhr 357 auf goldenem Wagen in Rom ein und bückte sich, obwohl er von kleiner Statur war, bei jedem Tor so tief, damit seine imaginäre Aura nicht oben anstieß. (H.G. Severin in Waetzoldt 1980: 90)

Es gibt also sehr vielfältige Möglichkeiten, die eigene Individualität und Einmaligkeit in seinem Weltbild zu thematisieren, auch durch

Äußerliches und weniger Wichtiges. Berger und Luckmann (1971) betonen, daß eine persönliche Identität nur in einem sozialen Rahmen gewährleistet ist. In fremder Umgebung mit einer fremden Sprache bin ich ein anderer. Einige Forscher haben versucht, die grundsätzlich möglichen Formen des Selbstbildes zu ordnen. Lersch (1938) unterscheidet das mehr auf körperlichem Wohlbefinden aufbauende Eigenmachtsgefühl von dem höheren sich auf geistige Werte stützenden Selbstwertgefühl. In der englischsprachigen Psychologie unterscheiden William James und G.H. Mead das eigentliche Me vom äußerlichen I. C.G. Jung stellt das umfassendere, auch das Unbewußte einschließende Selbst dem einfachen Ich gegenüber. Die Erfahrung des eigenen Unbewußten, die Höllenfahrt der Seele, der Gang zu den Müttern führen danach zum Selbst und unterscheiden die Eingeweihten von den simplen Menschen, die nur aus dem Ich leben.

Besondere Erfahrungen des eigentlichen Selbst finden wir in den Religionen. Die deutsche Mystik spricht vom Seelenfünklein, als dem Göttlichen in uns, das es zu erfahren gelte, um ein richtiges Bild von uns aufzubauen. Mensch werde wesentlich! Descartes fand diese Eigentümlichkeit im reinen Denken: Cogito ergo sum. Auch Kant nimmt so ein letztes innerliches Denkzentrum an, seine transzendentale Apperzeption. Andere mögen diese Mitte fühlend oder meditierend spüren. Der engsten Verinnerlichung des Selbstbildes steht die buddhistische Erfahrung gegenüber. Das Geheimnis der Welt erkennt nur der, der den Schleier der Maja wegzieht. Dann erfährt er nämlich, daß die Individuation nur ein Trugbild ist. Mein Gegenüber, die Natur, der andere Mensch, das andere Tier, das bin in Wirklichkeit ich. Ta twam asi, heißt die Lehre: Das bist Du.

1. Grobe Einteilungen

Jeder Mensch reduziert sich in den Augen eines Menschenkenners auf drei oder vier Hauptzüge, die durch fünf oder sechs bezeichnende Handlungen vollständig zum Ausdruck kommen.
H. Taine

1.1 Geschlecht

Die Natur, welche mit endlichen Mitteln unendliche Zwecke verfolgt, gründet ihr Gebäude auf den Widerstreit der Kräfte. W. v. Humboldt

Die Einteilung in männlich und weiblich ist universell verbreitet. Sie imponiert als Grundprinzip der Natur, ist offenbar nicht vom erkennenden Menschen erst in die Dinge hineingetragen, keine Fiktion sondern realtypisch. Diese Einteilung entspricht aber auch einem menschlichen Bedürfnis nach Ordnung und Übersichtlichkeit. So wird sie zum Idealtypus. Bei einem uns begegnenden Wesen sind wir alsbald bestrebt herauszufinden, ob es sich um ein Männlein oder Weiblein handelt. Selbst bei Kindern, bei denen das manchmal auf den ersten Blick nicht so ganz klar ist, fragen wir sogleich, ob sie Bub oder Mädel sind. Gelingt es uns nicht, einen Menschen nach seinem Geschlecht zu bestimmen, so entsteht eine gewisse Spannung, ein gewisses Unbehagen. Der Drang, das Geschlecht festzulegen, geht bei manchen Völkern so weit, daß auch leblosen Dingen, ja allen im Universum vorgefundenen Gegenständen ein Geschlecht zugeschrieben wird. So ist im Deutschen der Mond männlich, die Sonne weiblich; im Gegensatz zu den romanischen Sprachen, die die Himmelskörper zwar auch geschlechtstypologisch einordnen, nur in entgegengesetzter Weise. Die Einteilung nach männlich und weiblich ist ähnlich grundlegend wie die nach tot und lebendig oder die nach freundlich und feindlich (gefährlich und ungefährlich, giftig und genießbar) und dient unserer ursprünglichen Orientierung in der Umwelt. Es gibt aber kaum ein Feld der psychologischen Forschung, in dem ähnlich bösartig gestritten worden ist. Nachdem sich nun der Pulverdampf erbitterter Kämpfe etwas niedergeschlagen hat, läßt sich ein knappes Resumée der Forschungsergebnisse ziehen.

Anatomie und Physiologie

Der etwas schlechteren anatomischen Ausrüstung der Frau gegenüber dem Mann entspricht eine etwas bessere physiologische. Anders ausgedrückt: Männer sind im Durchschnitt anatomisch überlegen aber physiologisch unterlegen. Frauen sind kleiner, haben dünnere Knochen (besonders auch dünnere Schädelknochen), kürzere Arme und Beine, schlechtere Muskeln, ein breiteres Becken, einen tieferen Körperschwerpunkt, eine gekrümmtere Wirbelsäule und eine kleinere Lunge. Die bessere anatomische Ausrüstung der Männer schlägt auch psychologisch durch, sie sind (schon als Knaben) durchschnittlich (vor allem offen) aggressiver als Frauen.

Frauen erfreuen sich im Durchschnitt besserer Gesundheit, reifen schneller und leben länger als die Männer. Was auch der Volksmund erkannt hat und der braven Ehefrau das Diktum unterschiebt: „Wenn einer von uns sterben sollte, ziehe ich in die Lüneburger Heide." Frauen leiden seltener an Farbenblindheit, nie an der Bluterkrankheit, weniger an Mumps, Bronchialasthma und Magengeschwüren. Sie sind wohl besser in der Lage, Schmerzen zu ertragen und besitzen eine bessere physiologische Umstellungsfähigkeit. Diese ist offenbar auch das Ergebnis einer Anpassung an Schwangerschaft und Geburtsvorgang, die in kurzer Zeit extreme Veränderungen im weiblichen Organismus fordern. Diese gute physiologische Anpassungsfähigkeit ist bis in psychologische Bereiche nachweisbar. Frauen sind auch hier durchschnittlich schneller anpassungsfähig, besser umstellungsfähig („Mädchentränen, wißt ihr, trocknen hurtig" erkannte schon Mörike), sie haben eine höhere Auffassungsgeschwindigkeit.

Die Rede von den Frauen als dem schwachen Geschlecht stimmt also nur, wenn man die rohe äußere Kraft als den Gradmesser der Stärke ansieht. Dieser Mangel an Kraft wird aber durchaus mit Wendigkeit ausgeglichen. So erwachsen aus der biologischen Ausstattung schon Ansätze zu Charakterbildern. Der starke aber etwas tölpelhafte Mann und die schwächere aber geschicktere, ja vielleicht auch wetterwendische Frau. La donna è mobile, heißt es in der Oper: Ach wie so trügerisch sind Weiberherzen!

Vermeidung der Extreme

Auch in einem zweiten Punkt sind vielleicht biologische Wurzeln des Persönlichkeitstypus Frau sichtbar. Die Frauen als die etwas schwächeren, schon wegen Schwangerschaft, Geburt und Kleinkindversorgung zeitweise schutzbedürftigeren Menschen tendieren dazu, sich nicht grundlos zu exponieren. Vermutlich hielten sich in Vor- und Frühgeschichte Frauen eher in der Mitte der Gruppe auf. Frauen sind auch heute prozentual weniger auf den Gipfeln hoher Berge (als Alpinistinnen, Skiläuferinnen oder Drachenseglerinnen), in den Tiefen der Ozeane (als Taucherinnen oder Besatzungen von Unterseebooten) im Weltall als Kosmonautinnen oder an sonstigen eher exponierten Orten zu finden. In den Zügen der Eisenbahn sitzen sie häufiger in den mittleren Waggons.

Auch hier finden wir wieder den Übergang vom Biologischen in die Psychologie. Frauen meiden auch im Wahlverhalten das Extreme. Die NPD hatte im Jahre 1976 achtmal so viele männliche Anhänger wie weibliche. Auch in anderen Bereichen verläuft die Verteilungskurve bei Frauen spitzgipfeliger. Es gibt weniger weibliche Extremvarianten. So ist auch verständlich, daß es seltener weibliche Genies gibt. Selbst die einschlägigen Publikationen, die auf die Vernachlässigung der Malerinnen und der Musikerinnen in der Kulturgeschichte hinweisen, finden weder einen weiblichen Bach oder Mozart noch einen weiblichen Rembrandt. Auch die negativen Extreme sind bei Frauen seltener. Es gibt prozentual weniger weibliche Verbrecher und weniger weibliche Geisteskranke. Frauen sind angepaßter. Diese generelle Feststellung gilt für ganz verschiedene Kulturen. Frauen haben mehr Sinn für das Normale, das Durchschnittliche, das Angebrachte. Und Goethe gab den genialischeren Männern, die gern über das Ziel hinausschießen, den vernünftigen Rat: „Willst du erfahren, was sich ziemt, frag nur bei schönen Frauen an."

Die Forschungsrichtung der Psychologie, die eine Charakterkunde von Mann und Frau unmittelbar aus den sichtbaren gegebenen Tatbeständen aufbauen will, ist die Phänomenologie. Buytendijk setzt beim Unterschied der weiblichen von der männlichen Stimme,

Abbildung 5: Kaiser Augustus, Kopf einer Panzerstatue, Rom 27 v.Chr.
Im republikanischen Rom standen die Portraits der Privatleute im Dienste des Ahnenkults. In der Kaiserzeit kommt dann ein neuer Zweck des Portraits hinzu, ein politischer. Das im ganzen Reich verbreitete Staatsportrait soll in seiner Allgegenwärtigkeit auf Denkmälern, Siegeln, Gemmen, auf den militärischen Feldzeichen und Orden, auch auf Schwertern und Gebrauchsgegenständen, die Herrschaft stabilisieren. Auch die Münzen werden Träger der politischen Propaganda.
Die Abbildungsweise sollte den Betrachter beeindrucken und ihm das Selbstverständnis des Kaisers vermitteln. Ein Ideal wird verkörpert, unwichtige Merkmale der Individualität, des Lebensalters werden weggelassen. Augustus wollte in seinen Portraits Erhabenheit und Würde ausstrahlen. Sein Ehrentitel „Augustus" wird ins Bild umgesetzt. Spätere Kaiserportraits übermitteln eine andere Botschaft. Es entstehen die beiden Typen des Philosophen- und des Soldatenkaisers. Caracalla wollte hart, wild und furchtbar wirken und wurde

beim unterschiedlichen Gang und bei der Symmetrie der Gesichtszüge und der Bewegungen an. Die tiefe männliche Stimme vermittle Sicherheit, Festigkeit, Überzeugungskraft. Die höhere weibliche hingegen Einfühlsamkeit, Mitschwingungsfähigkeit. Der typisch männliche Gang sei abgehackt, dezidiert. Sein Musterbeispiel sei der Marsch, ein Ausdruck von Disziplin, Rationalität, Dominanzstreben, vielleicht gar Brutalität. Wie anders der weibliche Gang, der sich schlangengleich, rhythmisch windend und sanft schlingernd ins Unendliche fortsetzt: lockend, verführerisch, schwer faßbar und irrational. Weibliche Gesichter und weibliche Bewegungen seien allgemein symmetrischer als männliche. Symmetrie sei hier Ausdruck für stärkeres In-sich-Ruhen, für Ausgeglichenheit. Dieser Ausdrucksgehalt der Symmetrie leuchte schon dadurch ein, daß Gebetshaltungen im allgemeinen symmetrisch seien, die Gestik des Flirts jedoch unsymmetrisch wie etwa das Zukneifen nur eines Auges.

Intelligenzunterschiede

Nun gibt es aber Unterschiede zwischen den Geschlechtern, die der phänomenologischen Methode entgehen. Etwa solche, die weder mit der näheren Verbindung mit den Vorgängen der Geburt bei der Frau in Zusammenhang zu bringen sind noch mit ihrem äußerlichen Erscheinungsbild. Männer sind durchschnittlich im räumlichen Denken und in den Fächern begabter, bei denen der Gebrauch von Zahlen wichtig ist. Frauen sind hingegen auf sprachlichem Gebiet oft überlegen. In Physik- und Architekturkollegs brillieren die Männer und sind hoch in der Überzahl, die Romanistik sieht meist einen großen Frauenüberschuß. Diese Unterschiede sind weitgehend kulturunabhängig, also wohl kein reines Erziehungsprodukt.

Als Erklärung könnte wieder das Leben in der Urzeit herhalten: Frauen mußten den Kindern das Sprechen beibringen, hatten auch in der Mitte der Gruppe dazu öfter Gelegenheit. Der schweifende

---

daher mit militärischem Kurzhaarschnitt und ungepflegtem Stoppelbart dargestellt.

Der Personenkult hat also in der Antike seinen Ursprung und seine frühen Ausprägungen. Die Sitte vieler moderner Staaten, Amtsräume und Briefmarken mit dem Herrscherportrait zu schmücken, folgt also ebenso römischem Brauch wie der dabei oft gewählte Ausschnitt der Büste.

Jäger hingegen mußte sich in der räumlichen Umwelt besser zurechtfinden, wenn er versuchte, einen Fisch im Wasser zu fangen oder einen Vogel mit einem Bumerang zu treffen. Eine andere, möglicherweise ergänzende Erklärung ist vielversprechender. Die Unterschiede wären mit dem unterschiedlichen Wachstum der Gehirnhälften zu erklären. Beim Mann kommt in den entscheidenden Phasen die linke Hirnhälfte besser weg, in der mathematische und räumliche Fähigkeiten lokalisiert sind, bei der Frau hingegen die rechte, in der man das Substrat nachweisen kann, auf dem sich die sprachlichen Fähigkeiten aufbauen.

Mit der Einführung dieser Erklärungsweise würde ein guter Teil des Problems der Geschlechtsdifferenzierung zu einem Entwicklungsproblem. Und es läßt sich ganz generell sagen, daß der Geschlechts-Dimorphismus im Laufe der menschlichen Entwicklung verschieden stark ausgeprägt auftritt. Bei Säuglingen müssen wir schon genauer hinsehen, ob es sich um Knaben oder Mädchen handelt. Im Alter von 25 Jahren ist dies bei geringer oder ohne Bekleidung noch mit ziemlichem Abstand ohne Mühe feststellbar. Im höheren Alter ebnen sich die Unterschiede oft wieder etwas ein.

Auf dem Gebiet der Sexualität und Erotik scheinen sich Mann und Frau ähnlicher zu sein als es die Generationen vor uns annahmen. Van de Velde glaubte, daß die weibliche Sexualität eine andere, in den einzelnen Phasen der männlichen nachhinkende Verlaufsgestalt habe. Dies konnten Masters und Johnson (1966) nicht bestätigen, die beim weiblichen Geschlecht dem männlichen durchaus analoge Abläufe fanden und damit dem alten englischen Sprichwort recht gaben: It takes two to Tango.

Allerdings berücksichtigen die genauen Beschreibungen der Autoren kaum individuelle Unterschiede, die ja offensichtlich auch beim Laufen und Springen, beim Tennisspiel und Skilaufen zu finden sind, somit auch mit großer Wahrscheinlichkeit auch in der menschlichen Sexualität. Auch hier gilt es die allgemeinpsychologische Betrachtungsweise in die persönlichkeitspsychologische zu überführen. Nach Thomae (1977; 204) kennzeichnet die Psychologie 100 Jahre nach ihrer Institutionalisierung die „Überführung globaler Aussagen“ in „konkrete, situations-, personspezifische Feststellungen und Vorhersagen“.

Männer sind allerdings auf sexuellem Gebiet im Durchschnitt aktiver, sind auch wohl leichter durch visuelle Stimuli zu erregen als

Frauen, die mehr von Gefühl, von Gehör und wohl auch von Geruch abhängig sind. Doch sind möglicherweise auch hier Angleichungsphänomene feststellbar. Denn es entspricht dem Zeitgeist, Männern und Frauen gleiche Lebensbedingungen, in etwa gleiche Kleidung, gleiche Ausbildung und gleiche Berufe zuzuweisen, wodurch sich auch die traditionell typisch weiblichen Interessen für Mode, Handarbeit und Romantik, die sich etwa vom 12. bis 14. Lebensjahr ausbilden, wohl in Zukunft nicht mehr finden lassen werden.

Unterschiedliche Lebensziele führen die Frauen allerdings zu unterschiedlichen Daseinstechniken. Das Ziel der Frau ist es nicht in erster Linie, einen Mann zu kurzfristigem Vergnügen zu finden, sondern ihn für längere Zeit zum Zwecke der gemeinsamen Kinderfürsorge zu binden. Im Dienste dieses Ziels entwickelte die Frau einmal ein anderes Verhältnis zum eigenen Körper, der als wichtiges Medium zum Zwecke von Verführung und Bindung erfahren wird. D. Morris sieht in der Ausprägung des weiblichen Busens, den er als eine frontal verlegte Imitation des ursprünglich nur unpersonal und damit kurzfristiger anziehenden Popos auffaßt, eine natürliche Hilfe auf diesem Weg.

Die von den Feministinnen abgelehnte Zurschaustellung des weiblichen Körpers mit der absichtlichen Betonung der auf Männer wirkenden Reize (mit Übertreibungen, die an überoptimale Attrappen erinnern) wird als weibliche Technik verständlicher, wenn man erkennt, daß Frauen, die eine Familie gründen wollen, zur Verwirklichung ihres Lebensplanes fast 20 Jahre weniger Zeit zur Verfügung steht als den Männern.

McClelland (1978; 98 ff.) untersucht die weibliche Ausprägung des Machtmotivs, das im Geben seine typische Erfüllung findet und nicht im fordernden Durchsetzen wie beim Mann. Das Gewähren, Beschenken, in Geheimnisse Einweihen sei eine weibliche Form der Machtausübung. Auch der weibliche Masochismus sei eine konsequente aber übersteigerte Ausprägung dieser Taktik.

Bei der Erklärung der Genese der Geschlechtsunterschiede gibt es vornehmlich drei Theorien. Die erste führt sie auf Anlagen, Erbfaktoren, Hirnstrukturen oder gar auf einen göttlichen Plan zurück. In der Tat haben viele Religionen sehr dezidierte Meinungen über die Frau. Die zweite sieht sie als Produkt des Lernens, der Gesellschaft, der Vorurteile und die dritte als einen Akt der Selbstdefinition, der Selbstfestlegung.

Die Erklärung der individuellen Unterschiede durch je verschiedene Selbstdefinition stammt aus der kognitiven Theorie. Sie erklärt vermutlich auch besser die Genese von homosexueller und lesbischer Lebensform. Beide Verhaltensweisen sind vermutlich kaum angeboren, noch werden sie in der Sozialisation als Lernziel vermittelt.

Die Theorie der angeborenen Unterschiede ist ideologisch stark belastet. In vielen Kulturen, besonders auch in der europäischen, gibt es seit der Antike weiberfeindliche Tendenzen, die den Mann als eigentlichen Menschen, die Frau als weniger wertvolles Geschöpf ansahen. Die strikte Theorie des sozialen Lernens wird als eine Art Opposition gegen die als faschistisch oder doch als männlich-chauvinistisch denunzierten Anlagetheorien vor allem auch von Frauenrechtlerinnen vertreten. So wie die Anlagetheorie einem konservativen Geist besonders entspricht – alles hat schon von vornherein seine gute Ordnung! – so die Lerntheorie einem progressiven oder sozialistisch orientierten. Alles ist gelernt, ist Kultureinfluß predigen diese Autoren, also kann auch alles verändert werden. Die großen Umverteiler wittern ihre Chance. Die Rollen von Mann und Frau seien weitgehend vertauschbar – wenn man mal von der eher marginalen Tätigkeit des Kinderkriegens absehe. Eine besonders einflußreiche Verfechterin dieses Standpunktes ist Margaret Mead, die darauf hinweist, daß bei einigen Naturvölkern die Frauenrolle variabler gestaltet ist als in unserer Kultur. Ob aber die Beispiele der Berg-Arapesh und der Mundugumur so viel hergeben wie die Autorin meint, darüber kann man streiten.

Die Geschlechtsrolle des Jungen wird allerdings in unserer Kultur beim Heranwachsen frühzeitiger und schärfer akzentuiert. Mädchen wachsen somit in einem psychologischen Klima der Minorität auf. Ebenso sind sich weiße Kinder ihrer Hautfarbe in einer dominanten weißen Umgebung früher bewußt als die heranwachsende schwarze Minorität ihrer abweichenden Färbung.

Aber in der Tat wechseln im Laufe der Geschichte Phasen mit stärkerer männlicher Dominanz mit solchen ab, in denen der Frau Gleichberechtigung oder mehr zugestanden wird. Umstritten ist allerdings die Theorie Bachofens (1879) vom Matriarchat als der ursprünglichen Verfassung aller frühen Völker. Die europäische

Haltung zur Frau wird stark von der Geschichte geprägt. In der Zeit, als sich die Grundlagen unserer Philosophie und Theologie bildeten, in der klassischen Epoche Griechenlands galt jedenfalls die Liebe zu schönen Knaben als besser als die Liebe zu Frauen. Ganz sicher ist in vielen Mittelmeerkulturen, besonders im alten Rom, aber auch generell im christlichen Mittelalter und im Islam ein deutlicher patriarchalischer Zug spürbar. Hierdurch wurde auch in unserer Kultur das Bild der Frau enger als nötig umgrenzt. Doch daraus zu schließen, daß es Geschlechtsdifferenzen psychologischer Art zwischen Mann und Frau überhaupt nicht gebe, heißt über das Ziel hinausschießen.

1.2 Intelligenz

Es darf – auch in der Psychologie – wieder gedacht werden.
Th. Herrmann

Es mag sein, daß die Unterscheidung zwischen dummen und intelligenten Menschen einer Leistungsgesellschaft besonders naheliegt. Aber auch in bäuerlichen Kulturen ist dieser Gesichtspunkt verbreitet. Jedenfalls achten die Leute im allgemeinen darauf, ob das Gegenüber dumm ist oder nicht und sie sind auch meist davon überzeugt, daß man dies einigermaßen sicher feststellen kann. Auch gibt es in vielen Sprachen eine Reihe alter Sprichwörter, die sich mit der Dummheit befassen. Die Intelligenz wird also weithin als ein wichtiges Persönlichkeitsmerkmal angesehen. Und die Psychologie hat sich mit dem Thema Intelligenz sehr intensiv befaßt. Intelligenztests seien sogar – so meinen jedenfalls Brown und Herrnstein (1975; 498) – der hauptsächliche Beitrag der Psychologie zur Gesellschaft im allgemeinen. Obwohl wir alle zu wissen glauben, was denn nun Intelligenz sei, ist eine Definition nicht so einfach. W. Stern (1928) meint „Intelligenz ist die personale Fähigkeit, sich unter zweckmäßiger Verfügung über Denkmittel auf neue Forderungen einzustellen“. Heute kapitulieren allerdings die meisten Psychologen, wenn sie Intelligenz definieren sollen und bemerken eher sarkastisch: Intelligenz ist, was Intelligenztests messen.

Menschen unterscheiden sich einmal nach der Höhe ihrer Intelligenz. Dieser Gesichtspunkt ist zumal bei unterdurchschnittlicher Intelligenz wichtig. Hier setzten auch die ersten Untersuchungen Binets in Frankreich gegen Ende des letzten Jahrhunderts an. Es ging darum, Kinder für Hilfsschulen auszusondern. Dabei ist es einigermaßen sinnvoll, nur die Höhe der Intelligenz festzustellen. William Stern schlug für die Notierung den Intelligenzquotienten (IQ) vor, bei dem man das Intelligenzalter durch das tatsächliche Lebensalter teilte, und den man heute in der amerikanischen Form festhält: 100 war der ursprüngliche Fixpunkt der normalen Intelligenz, heute steigen die Leistungen auf Grund der verbreiteteren Schulbildung. Nach der WHO gilt ein IQ von 70–80 als Grenzbereich der Minderbegabung (Borderliner); IQ 50–70 betrifft den Bereich der leichten, 20–50 den der mäßigen und 0–20 den der schweren geistigen Behinderung. In der älteren Literatur findet man folgende Einteilung: Debilität – IQ 50–70, Imbezillität – IQ 20–50, Idiotie – IQ unter 20.

Problematisch wird die Anwendung des Intelligenzquotienten auf hohe Intelligenz. C.M. Cox (1926) versucht, eine Rangliste für die Intelligenz berühmter Männer aufzustellen.

115 Luther
120 Rossini
125 Dürer
130 Spinoza
135 Calvin, Kant, Napoleon
140 Schiller
150 Descartes, Mozart
185 Leibniz, Goethe
190 J. St. Mill, der mit acht Jahren Plato im Original lesen konnte.

Bei höherer Intelligenz ist es offensichtlich sinnvoller, die Persönlichkeiten hinsichtlich der Qualität ihrer Intelligenz zu unterscheiden und nicht nur nach der Höhe. Hierbei gibt es zwei Modelle. Das hierarchische, danach setze sich die persönliche Intelligenz aus einem Faktor zusammen, der diese Höhe feststellt und zusätzlichen Faktoren. „Spearman hatte postuliert, daß man alle Leistungen auf einen allgemeinen Intelligenzfaktor (g) zurückführen könne und neben diesem nun eine praktisch unbegrenzte Zahl von spezifischen, in der Eigenart der jeweils konkreten Leistungen begründeten, Faktoren (s) anzunehmen sei.“ (Pawlik 1968; 76) Thurstone dagegen fand sieben hauptsächliche Intelligenzfaktoren (primary mental abilities), die weitgehend unabhängig voneinander seien:

V Wortverständnis
W Redeflüssigkeit
M Gedächtnis
R logisches Schließen, Regelerkennen
N Umgang mit Zahlen
S Raumvorstellung
P Wahrnehmungsgeschwindigkeit

Guilford sieht nach seinen Untersuchungen die Intelligenz so, daß sie sich zunächst in Gedächtnis und in Denken aufspalten lasse. Beim Denken müsse man grundsätzlich die erkennende von der produzierenden und der wertenden Intelligenz trennen. Dann unterschied er das konvergente und das divergente Denken. Es gebe also Persönlichkeiten, die zu guten Leistungen nur bei solchen Aufgaben fähig seien, bei denen es eine feste, richtige und eindeutige Lösung gebe. Die divergenten Denker hingegen seien die eigentlich originellen schöpferischen Menschen, die neue Wege aufweisen. Ihre Fähigkeiten würden in manchen Schulsystemen nicht genügend anerkannt und nicht genügend gefördert.

In den meisten Situationen des Lebens ist man nun kaum imstande, seinem Gegenüber eine Testbatterie vorzulegen. Es ist also durchaus wichtig, durch schlichte Verhaltensbeobachtung etwas über die Intelligenz herauszubringen. Eine derartige Verbindung zwischen den Tests und der Beobachtung stellen die phänomelogisch orientierten Begabungstheorien her. Wenzl (1934) unterscheidet Begabungskapazität, die neben der Höhe, wie sie sich im IQ ausdrückt, auch noch Breite, Weite des Wissens und Tiefe, besondere Durchdringung, Originalität der Fragestellung aufweist, von Gedächtnis und von Intelligenztemperament. Damit meinte er im Gespräch auffallende Faktoren wie Ansprechbarkeit, Spontaneität, Denktempo und Nachhaltigkeit. Die Gestaltpsychologen haben sich besonders darum bemüht, intelligente Verhaltensweisen phänomenologisch von dummen zu unterscheiden. Dummes Verhalten zeichnet sich durch Abstandslosigkeit, mangelnde Distanz vom Triebziel aus (Bally 1944, Gehlen 1950). Wolfgang Köhlers Untersuchungen zeigen, daß Hühner immer wieder gegen ein seitlich offenes Gitter rennen, hinter dem das Futter liegt. Die klügeren Hunde dagegen halten einen Augenblick an (als ob sie überlegten oder doch mindestens stutzten) und laufen dann „in glatter Kurve“ am Gitter vorbei zum Ziel. Noch genauer ist das intelligente Verhalten bei Köhlers Schimpansen Sultan zu beobachten. Er sollte eine vor dem Käfig liegende Banane mit einem Werkzeug heranholen, das aus zwei Stöcken bestand, die ineinander gesteckt werden konnten. „Solange Sultan sich auf das Zielobjekt seiner Appetenz konzentrierte, beharrte er im Versuchen, mit dem längeren der beiden Stücke die Frucht zu erreichen. Erst als er sich von seiner Appetenz von der Frucht befreite und ziellos mit den beiden Stücken begann, gelang es ihm, die beiden ineinander zu stekken. Dann allerdings verstand er sofort, daß er nun ein Werkzeug besaß, mit dem er die Banane erreichen konnte.“ (Lorenz 1978; 264) Wertheimer (1975) schildert anschaulich, wie sich intelligente von weniger intelligenten Persönlichkeiten unterscheiden. Yerkes (1929) stellt die Kennzeichen der Einsicht zusammen.

1) Übersicht, Durchsicht, dauernde Prüfung der Problemsituation
2) Zögern, Innehalten, konzentrierte Aufmerksamkeit
3) Versuch eines bestimmten Reaktionsmodus
4) Wechsel, wenn er nicht anschlägt (abgehobener Übergang)
5) dauernde Aufmerksamkeit auf das Ziel
6) kritischer Augenblick (Aha-Erlebnis)
7) Wiederholbarkeit (Verfügbarkeit)
8) Fähigkeit, das Wesentliche zu erfassen.

1.3 Lebensalter

Alle Kulturen weisen den verschiedenen Lebensaltern bestimmte Rollen zu. Das aktive oder passive Wahlrecht, die Möglichkeit, Senator, Präsident oder Konsul zu werden, aber auch die Erlaubnis, Tanzlustbarkeiten ohne Begleitung der Eltern zu besuchen oder Pornofilme anzusehen, ist an das Erreichen bestimmter Altersgrenzen geknüpft. Charlotte Bühler, die Begründerin der Lebenslaufforschung, charakterisierte „das Grundmuster jeden indi-

Jean de la Bruyère — Giton

Giton hat eine frische Gesichtsfarbe, ein volles Gesicht und dicke Backen, einen sicheren und dreisten Blick, breite Schultern, einen hervorragenden Magen, einen festen und überlegten Gang. Er spricht mit Selbstvertrauen; er läßt diejenigen, mit denen er spricht, wiederholen, was sie gesagt haben, und er freut sich nur mäßig darüber, was gesagt wird. Er entfaltet ein großes Taschentuch und putzt sich geräuschvoll die Nase. Er spuckt auf weite Entfernung und niest sehr laut. Er schläft bei Tag, er schläft bei Nacht; er schnarcht zünftig.
Bei Tisch und beim Gehen beansprucht er mehr Platz als irgend jemand anders. Er ist der Mittelpunkt und geht mit seinesgleichen; er hält an, und sie halten an; er geht weiter, und sie gehen weiter; alle richten sich nach ihm; er wird nicht unterbrochen, man hört ihm zu, so lange es ihm zu sprechen beliebt; seine Meinung wird angenommen; die Gerüchte, die er verbreitet, glaubt man. Wenn er sich hinsetzt, wird man sehen, wie er sich in einen Sessel setzt, seine Beine kreuzt, seine Stirn runzelt, seinen Hut über die Augen zieht und niemand ansieht, oder den Hut wieder hochzieht und sein Gesicht voll Stolz und Kühnheit zeigt. Er ist heiter, ein herzlicher Lacher, ungeduldig, anmaßend, unreligiös, politisch; er tut geheimnisvoll in bezug auf aktuelle Angelegenheiten; er glaubt, daß er Talent und Witz hat. Er ist reich.

(Les charactères ou les moeurs de ce ciècle, 1688)

La Bruyière folgt zu Beginn seiner Persönlichkeitsbeschreibung einem antiken Schema: Die Erwähnung der körperlichen Erscheinung gibt schon Hinweise auf den Charakter. Diese Betrachtungsform hat in der modernen Konstitutionsforschung Ernst Kretschmer zu einem gewissen Abschluß geführt. Giton ist als Pykniker mit beachtlichem athletischen Einschlag gekennzeichnet. Sein expansiver Lebensstil ist deutlich. Die scheue Vorsichtigkeit des Introvertierten fehlt dem weitspuckenden und lautniesenden Giton.

Ähnlich wie Theophrast zeigt La Bruyière vor allem die soziale Seite der Persönlichkeit. Von der griechischen Agora und der Welt ihres Redners gelangen wir in die höfische Sphäre des Absolutismus. Der Autor will dieser Welt den Spiegel vorhalten. Das kritische Auge sieht genauer. Diese kritische Tradition setzt sich bei den französischen Moralisten (La Rochefoucault, Vauvenargues) fort. Diese Autoren wollen hinter der Fassade des Verhaltens die tieferen Motive des Menschen entdecken und mit ihrer Entdeckung die Welt entlarven.

viduellen Lebenslaufs, durch dessen Vergleich mit einem Drama, das nach mehreren Vorbereitungs- und Umstrukturierungsphasen zum Höhepunkt und dann zur Krise führt" (Thomae 1974). Sie findet vier Grundtendenzen des Lebens, die stets – wenn auch zu verschiedener Zeit – verschieden ausgeprägt wirksam sind, nämlich die schöpferische Expansion, die selbstbeschränkende Anpassung, die Bedürfnisbefriedigung und die Aufrechterhaltung der inneren Ordnung. Dabei wird die erste Lebenshälfte eher als Aufbau angesehen, die mittleren Jahre als Höhepunkt, das Klimakterium als Zeit der inneren Ordnungsstiftung und das Alter als Abschwung. Bestimmte Lebensziele sind an bestimmte Altersphasen mehr oder minder fest gebunden. Erikson findet im menschlichen Lebenslauf acht Krisen, die in einer gesunden Entwicklung gemeistert werden müssen. Der Akzent liegt hier infolge seiner psychoanalytischen Orientierung auf der kindlichen Entwicklung. Havighurst teilt die Thematik des späteren Lebens in vier Phasen ein.

35 Jahre Eheschließung, Berufsfindung, Einordnung in die Gesellschaft

50 Jahre Stabilisierung von Einkommen und Lebensweise

50 bis 65 Jahre Loslösung von der jüngeren Generation, Beweise für Lebenserfolg.

65 Jahre Disengagement.

Die Kennzeichnung der Lebensthematik des alten Menschen mit Disengagement, also Abstand-Nehmen von dieser Welt, mit dem Rückzug aus dem Irdischen hat Kritiker gefunden. Überhaupt gibt es bei der Charakterisierung der menschlichen Krise und ihrem Einfluß auf die Persönlichkeit kontroverse Meinungen. Spranger sieht in der Pubertät eine Zeit, in der der Jugendliche zum ersten Male seine Selbstbeschränkung schmerzhaft erfährt. Margret Mead hingegen stellte auf Samoa fest, daß diese Krisenzeit mindestens für junge Mädchen dort nicht existiert. So sieht sie in einer typischen pubertären Persönlichkeit mit allen ihren Hemmungen, Unsicherheiten und Übertreibungen ein Produkt der europäischen Kultur, das sich zudem vor allem bei den gehobenen Schichten findet.

Auch darüber ob es berechtigt war, eine typische Midlife-Krise anzunehmen, gehen die Meinungen auseinander. Ursula Lehr stellt fest, daß die Krisenabschnitte für Männer und Frauen in unserer

Gesellschaft auf den Lebenslauf verschieden verteilt sind. Die junge Frau sei normalerweise weniger krisengefährdet als der junge Mann, ihre Belastung nehme aber ständig bis etwa zum 50. Lebensjahr zu. Beim Mann verlaufe diese Streßkurve fast umgekehrt. Wenn er Anfang 20 ist, verdient er normalerweise wenig, kann sich die Reisen, Autos und Frauen, die er gerne hätte, kaum leisten und muß notgedrungen die Speisekarten stets von rechts nach links lesen. Bis zum 50. Lebensjahr verbessern sich bei ihm die äußeren Lebensumstände, der Kontostand und auch oft die Umsicht, die nötig ist, das Leben zu meistern. Charlotte Bühler vergleicht Lebenskurve und Erfolgskurve berühmter Männer. Enrico Caruso, der großartige Sänger, hatte seit seinem 25. Lebensjahr jährlich durchschnittlich gleichbleibend etwa 75 Auftritte. Ob er in den späteren Jahren besser gesungen hat als in den früheren ist zweifelhaft. Doch wurde er später für die Leistung weit besser honoriert. Auch am Beispiel des Geschäftsvermögens Rockefellers zeigen sich die besseren Lebenschancen des Mannes mit zunehmendem Alter. Dieses Vermögen veränderte sich im Verhältnis zum Lebensalter wie folgt:

20 Jahre 10 Dollar
25 Jahre 1000 Dollar
35 Jahre 1 Million Dollar
40 Jahre 5 Millionen Dollar
50 Jahre 100 Millionen Dollar.

Die erste Million, so erkannte auch Aristoteles Onassis, ist die am schwierigsten zu verdienende.

Aber all dieser Lebenserfolg schützt auch den älteren Mann nicht vor Krisen, die allerdings normalerweise etwas später einsetzen als bei der Frau. Beide – Mann wie Frau – können dann, wenn es gut geht, einen eher spannungsfreien Lebensabend genießen. Neben der Lebensthematik und den äußeren Umständen kann man die Formung der Persönlichkeit in den verschiedenen Lebensaltern auch als ein Produkt der biologischen Leistung sehen. Spitzensportler erreichen ihre Bestleistung im jungen Alter. Ein 30jähriger Fußballspieler gilt schon als alter Herr. Auch in der Musik, der Lyrik und der Mathematik liegt der Lebenshöhepunkt eher früh. Der junge Gauß verblüffte bekanntlich schon als Schüler seinen Lehrer als mathematisches Talent. In den Geisteswissenschaften klaffen dagegen die vitale und die Erfolgskurve auseinander. Hier wird man meist erst dann berühmt, wenn man schon etwas älter und klappriger geworden ist. Folgende Gipfelzeiten könnte man für die verschiedenen Leistungsgebiete angeben:

Sport, Lyrik, 15 bis 29 Jahre
Physik, Chemie, 30 bis 39 Jahre
Malerei, Medizin, 35 bis 45 Jahre
Philosophie, 45 bis 50 Jahre
Romane, Bestseller über 50 Jahre

Charlotte Bühler kennzeichnet die Persönlichkeitsentwicklung als ein Fortschreiten einmal von kurzfristigen zu längerfristigen Zielsetzungen. Das Kleinkind sieht nur auf die allernächste Zukunft. Sein höchstes Ziel ist das Saugen an der Mutterbrust oder in den Arm genommen zu werden. In der Pubertät hingegen freuen sich die Heranwachsenden auf die verschiedenen Folgen des Jahreslaufs, das Skifahren im Winter, das Baden im Sommer, ein Lied wie „Komm lieber Mai und mache die Bäume wieder grün" ist ein charakteristischer Ausdruck dieses jugendlichen Zeithorizontes. Im mittleren Alter werden dann längerfristige Ziele, wie der Bau eines Bungalows, das Abfassen mehrbändiger Handbücher oder langjährige Forschungsprojekte angestrebt. Im Alter ist eine neue Besinnung auf den Tag und seine Freuden und Leiden häufig. Das Leben wird gelassener betrachtet – sub specie aeternitatis – also auch im Hinblick auf den Nachbarn Tod. Dabei hilft oft ein solides Bankkonto. Alte Männer über 70 Jahren verfügen über fast die Hälfte des privaten Vermögens einer Nation.

Andere Ansätze versuchen eine andere Gesamtcharakterisierung der Unterschiede zwischen alten und jungen Leuten. Mönks und Knoers (1976) sehen das menschliche Leben als eine fortschreitende Emanzipierung. Der Mensch löse sich mit zunehmendem Alter aus Zwängen und Abhängigkeiten. Ähnlich sieht es Piaget, der die menschliche Entwicklung als einen Marsch ins Gleichgewicht kennzeichnet. Die Gestaltpsychologie interpretiert den Lebenslauf als fortschreitende Strukturierung: aus dem ungeordnet Diffusen erwächst die Gestalt (Heinz Werner). Die Entwicklung geht also vom Vagen und Verschwommenen zum Konkreten. Entwicklung ist Differenzierung. Typisch für das junge Mädchen ist die Tagebucheintragung: „Ich möchte einen Beruf finden, in dem ich meine ganze Kraft, meine ganze Persönlichkeit, mein ganzes Leben einsetzen kann." (Waltraud Küppers). Oder „Die Zukunft überlasse ich sich selbst. Vielleicht habe ich großes Glück und heirate einen Reichen". (Jaide et al. 1958; 115)

Ch. Bühler (1969; 32, 35) bemängelt, daß in unserem Bildungssystem im Jugendalter „noch keine systematische Vorbildung in Richtung auf eine Lebensplanung gegeben wird". Trotzdem stelle sich irgendwann zwischen zehn und zwanzig „eine Erfassung des Lebens als Ganzes ein."

In der mittleren Lebensphase werden die Ziele definitiver, konkreter, weniger nebulös. Thomae nennt diesen Prozeß die Verfestigung. Statt des vagen Traums vom Häuschen im Grünen wird die Kubikmeterzahl umbauten Raums genauer angepeilt und die monatlichen Beiträge zur Bausparkasse berechnet. Zwischen die Jugendträume und die mittlere Lebensphase tritt der Praxisschock. Demonstrierte man früher für die Freiheit in Korea, Somalia oder Chile und für andere ebenso ferne wie hohe Ideale, so kämpft man nun mit geschärfter sozialer Kompetenz um die Besoldungsgruppe A 13. Die jungen Frauen, die sich in früheren Tagen noch viele liebe Kinderlein wünschten, sind nach den Mühen mit der schreienden Erstgeburt bei der weiteren Familienplanung eher zurückhaltend.

„In den mittleren Jahren sind Erwartungen und Ziele entscheidend auf Familie und Beruf gerichtet. Die Pläne werden jeweils im Sinne persönlicher Bedürfnisbefriedigung verfolgt, zugleich jedoch im Dienste anderer Menschen, etwa der Angehörigen oder der Öffentlichkeit". Charlotte Bühler (1972) nennt dieses Streben „Dedikation". Sie demonstriert es am Beispiel des mittleren Lebens Albert Schweitzers. Glücke diese Lebensphase, dann komme der Mensch zu einem „adäquaten Nachdenken über sich selbst."

Vor dem Lebensabend ist manchmal eine gewisse Unruhe, das Suchen nach einer „letzten Chance in Richtung auf eine Erfüllung des Lebens" (Ch. Bühler), eine Torschlußpanik zu finden, die dann bei günstiger Entwicklung in einen Rollenwechsel übergeht. Man sieht sich als Senior, Austragsbauer, Emeritus und erkennt die Vorteile, nicht mehr in der vordersten Linie kämpfen zu müssen. Es ist aber auch die Zeit, in der eine Summe gezogen und die Frage nach dem Lebenssinn dringender wird.

Abbildung 6: Jan van Eyck. Giovanni Arnolfini, Brügge 1432
Nach den dunklen Zeiten des Mittelalters, das, vor allem auf religiöse Ziele gerichtet, sich für die individuelle Vergänglichkeit des Einzelnen nicht interessierte, war es Jan van Eyck, der die in der Antike erreichte Höhe der Portraitkunst nicht nur wiederherstellte, sondern übertraf.

Der Mensch ist ein Kind seiner Zeit. Das Geburtsjahr gibt Aufschlüsse über seine Persönlichkeit. Neben den Prägungen durch das Lebensalter gibt es auch eine Formung durch einen bestimmten Geburtsjahrgang. Für die Deutschen der verschiedenen Generationen sind die beiden Weltkriege derartige Schlüsselerlebnisse. Wer zu Beginn des Ersten Weltkrieges, also 1914, etwa 20 Jahre alt war, zog mit Begeisterung in den Krieg. Die Generation von Langemarck wurde von diesem Erlebnis der Kameradschaft und auch des selbstverständlichen Opfers oft erfaßt. Im Weltbild dieser Menschen, in ihrer Motivationsstruktur, in ihrem Selbstbild sind Werte wie Gehorsam, Disziplin und die rückhaltlose Übernahme einer nationalen Identität vermutlich häufiger anzutreffen als bei anderen Generationen. Diese Weltkriegsgeneration war daher für die Ideologie des Nationalsozialismus oft ansprechbar. Auch bei den folgenden Generationen ist diese Kriegsbetroffenheit ein wichtiges Kriterium (Hepp 1980; 138). Schelsky (1958) zeichnet das Bild der skeptischen Generation. Ihre Angehörigen haben schon als junge Leute im Zweiten Weltkrieg die Brüchigkeit alles Pathetischen am eigenen Leibe erfahren. Keine strahlenden Siege sahen sie in ihrer Militärzeit und keine strahlenden Helden, sondern stramme Durchhalteparolen, gepaart mit dem Versuch jedes Einzelnen, sich persönlich in Sicherheit zu bringen. Die Nachkriegszeit mit ihren Widersprüchen unterstütze auch kaum die politische Identifikationsbereitschaft und das öffentliche Verhalten. Ein Rückzug ins Private, ein Mißtrauen gegenüber dem Staat und der Rückgriff auf die Familie, das einzige verläßlich tragende Netz in der allgemeinen Unsicherheit (ähnlich wie wir dies im italienischen Nationalcharakter finden), waren die typischen Strategien. Illusionslosigkeit, die Überlegung „daß politische und geschichtliche Bestrebungen grundsätzlich anders ablaufen, als die noch so leiden-

---

Vorläufer des Portraits der Neuzeit sind die Stifterportraits des Mittelalters, die den Menschen jedoch nur im religiösen Zusammenhang sehen und ihn in der leichter darstellbaren, aber weniger sprechenden Form der Seitenansicht abbilden. Diese Ansicht herrschte auch in der italienischen Frührenaissance vor, hier wohl beeinflußt vom Vorbild der antiken Münzportraits. Van Eyck dreht den Kopf des Portraitierten dem Betrachter zu, nimmt so den Blickkontakt auf und betont den Ausdrucksgehalt von Auge und Mund. Zum Portrait des gerissenen Finanzmannes aus Lucca meint Panofsky, seine „schlangengleichen Augen vermeiden absichtlich unseren Blick."

schaftlich und hingebend geglaubten Ordnungsvorstellungen des Vorher-Vorspiegelns" gehören zum Credo dieser Generation.

Ganz anders die Generation der Studentenrevolte. Enttäuscht von ihren Vätern, die sie in die abscheuliche nazistische Ideologie verstrickt sahen, wuchsen sie gewissermaßen in einer „vaterlosen Gesellschaft" (Mitscherlich 1963) auf. Hunger, Entbehrung, kontinuierliche und wiederholte unmittelbare Bedrohung des Lebens gehörten nicht zu ihrer Sozialisations-Wirklichkeit. Aus der Überzeugung heraus, daß ihnen eigentlich nichts passieren könnte, verfolgte diese Generation rücksichtsloser, respektloser und hemmungsloser ihre Ziele, auf Kosten der vorhergehenden und nachfolgenden Generationen. Bei Demonstrationen („Demos"), eingehakt, den Wasserwerfern der Polizei („Bullen") trotzend, erfuhren sie im Kampf gegen die Ordnungsmacht des Staates ähnlich tiefe Erlebnisse, wie sie die Jünglinge von Langemarck in der Verteidigung des Vaterlandes empfunden hatten. Die nachfolgende Generation, die erkannte, daß alles outrierte Verhalten – selbst der Terrorismus – keine wesentlichen unmittelbaren Ergebnisse zeigt, schwenkte dagegen wieder in angepaßtere und freundlichere Verhaltensmuster ein.

2. Einige theoretische Ansätze

Scientists are always assuming or hoping that things are simple, and then discovering that they are not.
Gregory Bateson

Niemand wird bestreiten, daß es bei der Bestimmung der Eigenart eines Menschen wichtig ist zu wissen, ob er nun männlich oder weiblich, dumm oder intelligent, jung oder alt ist. Diese Einteilungen haben aber den Nachteil, daß sie beinahe beliebig vermehrbar sind. So könnte man die Menschen auch in große und kleine, schnelle und langsame einordnen. Jedesmal würde man bemerken, daß derartige Unterscheidungen vom Anatomischen und Physiologischen bis ins Psychologische hineinreichen. Geringe Körpergröße führt etwa bei Fußballtrainern, Politikern, Studienräten zu ähnlichen Verhaltensmustern.

Wir fragen uns, was ist denn nun wirklich wichtig? Oder was ist wichtiger? Das Geschlecht, die Intelligenz oder die Körpergröße, und wir suchen den eigentlichen Kern der Persönlichkeit, den wir mit diesen äußerlichen Einteilungen kaum erreichen. Deswegen rechnen manche Persönlichkeitspsychologen die bisher mitgeteilten Ergebnisse eigentlich nicht so recht zu unserem Fach und versuchen tieferschürfende Erklärungsversuche. Diesen wollen wir uns jetzt zuwenden.

Der älteste ist wohl der astrologische. Nicht Äußerlichkeiten wie Geschlecht, Größe oder Alter sind wichtig beim Zustandekommen des Charakters, sondern allein die Stellung der Gestirne während der Geburt. Nur durch genaue Berechnung kann der Eingeweihte das Geheimnis des Individuums erforschen. Nun gibt es nur wenige Psychologen, die der Astrologie anhängen. Die Suche nach der Wurzel der menschlichen Verschiedenheit hat jedoch in ihr ihre erste ausgearbeitete Theorie gefunden.

Offensichtlich spielen bei der Entscheidung, was denn nun als der wesentliche Unterschied zwischen Menschen anzusehen ist, weltanschauliche Überzeugungen eine Rolle. Diese sind nicht nur sehr vielfältig, sondern auch oft verborgen. Deswegen ist es schwierig, die wissenschaftlichen Ansätze der Persönlichkeitspsychologie zu systematisieren. Eine der wenigen Darstellungen, die sich um diese Aufgabe nicht herumdrückt, ist die von Thomae (1968; 32). Sein hauptsächliches Kriterium: ob die Komplexität des Individuums in ihrer Eigenwelt vorbehaltlos und möglichst differenziert erfaßt wird (was er vornehmlich dem eigenen Ansatz zutraut) oder ob irgend eine Form der Reduktion vorgenommen wird. Jede Klassifikation wird ebenso als eine Reduktion angesehen wie eine Rückführung auf einfachere darunterliegende Strukturen, die astrologischer, hirnphysiologischer oder mathematischer Natur sein können.

Ohne Reduktion aber ist eine Erfassung der menschlichen Individualität gar nicht möglich. Wichtig ist vor allem, möglichst offen darzulegen, wo die Reduktion stattgefunden hat, nach welchen Gesichtspunkten, und zu erkennen, daß für andere Zwecke eine andere Form der Reduktion angebrachter sein kann.

Unsere Einteilung der Ansätze ordnet nach dem springenden Punkt. Hierin folgen wir einem Gedanken der Humanistischen Psychologie, die zum Kern des Menschen vorstoßen möchte. Sie fragt deswegen weniger nach äußerlichen Unterscheidungskriterien sondern ebenso tiefsinig wie pragmatisch: What makes them tick? Kurz, sie sucht nach einem Grunderlebnis, das alle späteren formt. Und in der Tat gibt es derartige Schlüsselerfahrungen (peak experiences nach Maslow, Lageschemata nach Thomae). Wir glauben nun, daß sich vor allem die Persönlichkeitstheoretiker nach bestimmten Grundüberzeugungen unterscheiden. Viel mehr als systematische theoretische Kalkulationen sind wohl oft einige Aha-Erlebnisse Ausgangspunkt der Forschung. Diese prägen dann die Auffassung, worin der wesentliche Unterschied zwischen Menschen gesehen werden soll. (In scholastischer Form: worin besteht das principium individuationis?). Dabei schälen sich zwei Möglichkeiten heraus, diese Frage zu beantworten: Einmal in irgendeiner Form der Disposition. Dezidierte Beispiele dieser Betrachtungsweise sind die Schichtentheorie, die Konstitutionslehre und die faktorenanalytischen Konzeptionen, bis zu einem gewissen Punkt auch die kognitiven Ansätze. Von diesen dispositionellen Theorien heben sich drei Ansätze ab, solche die das Lernen, solche, die die menschliche Biographie und schließlich solche, die die menschlichen Interessen und Werte als den Schlüssel zur Erfassung der Individualität ansehen.

2.1 Dispositionelle Ansätze

2.1.1 Schichtenlehren

> *Die psychoanalytische Theorie sieht den Menschen als Schlachtfeld. Er ist ein dunkler Keller, in dem eine wohlerzogen damenhafte alte Jungfer und ein sexbesessener Affe in tödlichem Kampf miteinander liegen, der von einem ziemlich nervösen Bankangestellten als Schiedsrichter geleitet wird.*
>
> Bannister, 1966

Der Gedanke, im Schichtenaufbau der Welt den Schlüssel zur menschlichen Verschiedenheit zu finden, ist uralt. Er stammt aus jener frühen Zeit, in der Mythos und Logos ineinander fließen. Ein Schichtenmodell der Seele wird zunächst in Übereinstimmung mit dem Schichtenaufbau der gesamten Welt angenommen: Da sich die Welt aus bestimmten Schichten zusammensetzt, ist dies auch vom Menschen und seiner Seele anzunehmen. Der Mikrokosmos entspricht dem Makrokosmos.

Ein frühes Beispiel einer Schöpfungsgeschichte, die einen Schichtenaufbau der Welt erklären soll, stammt aus Indien. (Dumézil 1930, 1958) Die Welt ist aus dem Urmenschen entstanden. Aus seinem Kopf sind die Menschen, aus seiner Brust die Tiere, aus seinem Unterleib ist das Ungeziefer entschlüpft. Die Schichtenmodelle wollen eine bestimmte Weltordnung festhalten. Das indische Kastenwesen ist der Ausdruck eines solchen Schichtenmodells, das jedem Menschen, jedem Tier, jeder Pflanze einen bestimmten Ort im Kosmos zuweist.

Auch von der Bibel wurde die europäische Auffassung von einem Schichtenaufbau der Welt beeinflußt. Die Schöpfungsgeschichte ordnet jedem Schöpfungstag bestimmte hierarchisch gesehene Schöpfungen zu. Zuletzt wurden Adam und Eva geschaffen als Krone der Schöpfung.

Aus dem Iran stammt wohl die Auffassung, daß es sich bei diesem kosmischen Schichtenaufbau um einen Kampf der oberen mit der unteren Schicht handele, um einen Kampf des Guten mit dem Bösen (Zoroaster). Die Welt ist in Ordnung, wenn das Gute siegt, die Seele ist in Ordnung, wenn die höheren Strebungen über die niederen Instinkte triumphieren. Dieses Modell liegt auch den Schuldvorstellungen unseres Strafrechts zugrunde.

In der griechischen Philosophie finden sich verwandte Gedanken. Platon (Politeia, Phaidon) kennt den kastenartigen Aufbau der menschlichen Gesellschaft. Der obersten Brahmanenkaste, die dem Kopf des Weltmenschen zugeordnet ist, entspricht die Philosophenschaft, die im Staat eigentlich die Herrschaft übernehmen sollte. Der Brust entspricht der Soldatenstand, dem Bauch die Bauernschaft. Der Seelenaufbau wird analog gesehen. Berühmt ist Platons Bild vom Wagenlenker, der den obersten denkenden Seelenteil repräsentiert, die Rosse stellen die niedrigeren Vermögen dar (das eine edel, das andere weniger). Der vernünftige Seelenteil ist im Kopf lokalisiert und auf Wahrheit und Erkenntnis ausgerichtet. Der mittlere Seelenteil (in der Brust) ist mutig und strebt nach Ehre. Der untere Seelenteil sitzt im Unterleib, sein Ziel sind sinnliche Genüsse und Reichtum.

Eine einflußreiche Ausformung des Schichtenmodells der menschlichen Seele stammt von Aristoteles.

„Die Dreistufung des Seelenlebens folgt der Stufenfolge des Organischen“ (Mathey 1960; 439). Der Mensch birgt in sich sowohl eine Pflanzenseele wie eine Tierseele und schließlich eine denkende Vernunftseele, alle drei in einer Einheit verbunden, übereinandergelegt und geschichtet. Unter dem Einfluß des dritten höchsten Seelenteils, der von außen hinzutritt, können die Funktionen der niedrigeren Bereiche veredelt werden, z.B. der aus der Tierseele stammende animalische Trieb zum zielgerichteten Wollen. Neu ist bei Aristoteles dieses äußerliche Prinzip, das in die innewohnende Steuerung des Organismus eingreift. Hier dürften ägyptische Vorstellungen Pate gestanden haben (das heilige Ka, vgl. Panofsky 1964) . Unter neuplatonischem Einfluß wird dieser Seelenteil dann als Logos, Geist definiert und in der christlichen Philosophie als das göttliche Prinzip im Menschen gesehen.

J.W. v. Goethe	Eduard

Sich etwas zu versagen, war Eduard nicht gewohnt. Von Jugend auf das einzige, verzogene Kind reicher Eltern, die ihn zu einer seltsamen aber höchst vorteilhaften Heirat mit einer viel älteren Frau zu bereden wußten, von dieser auf alle Weise verzärtelt, in dem sie sein gutes Betragen gegen sie durch die größte Freigebigkeit zu erwidern suchte, nach ihrem baldigen Tode sein eigener Herr, auf Reisen unabhängig, jeder Abwechslung, jeder Veränderung mächtig, nichts Übertriebenes wollend, aber viel und vielerlei wollend, freimütig, wohltätig, brav, ja tapfer im Fall – was konnte in der Welt seinen Wünschen entgegenstehen!

(Die Wahlverwandtschaften, 1810)

Gedanken klingen hier an, die uns aus der Tiefenpsychologie vertraut sind. Ein wichtiger Begriff, die Versagung, in der psychoanalytischen Literatur ins Englische mit frustration übersetzt, tritt auf. Die Eigentümlichkeiten Eduards werden einmal als Ergebnis des elterlichen Erziehungsstils gedeutet. Dann aber aus dem Partnerverhältnis mit einer älteren Frau, die diesen verwöhnenden Stil fortsetzt.

Doch geht Goethes Auffassung von der Persönlichkeit über diese Ansätze hinaus. Sie ist einerseits idealisierend: Eduard verkörpert stoische Ideale (Nichts Übertriebenes wollend), auch Ideale des Sturmes und Dranges (Jeder Veränderung mächtig, aber viel und vielerlei wollend). Auf der anderen Seite ist für Goethe die Persönlichkeit immer Ergebnis einer Partnerschaft, in der der Einzelne aufgeht. Auch in seinen oft falsch aufgefaßten Zeilen: Höchstes Glück der Erdenkinder sei nur die Persönlichkeit, weist er eine isolierende Auffassung zurück. Goethes persönlichkeitspsychologischer Ansatz wird in dieser Hinsicht in der modernen Psychologie von L. Binswanger fortentwickelt.

Die Schichtenmodelle sind nicht nur uralt, sie sind auch Ausdruck einer mehr konservativen Grundhaltung. Die Schichtenunterteilung ist für viele ihrer Anhänger gottgewollt, entspricht einem Naturgesetz. Eine ständisch gegliederte Gesellschaft (im Gegensatz zu einer egalitären Massengesellschaft), ein gegliedertes Schulsystem (im Gegensatz zur Gesamtschule), ist nach Ansicht ihrer Anhänger dem Menschen das Angemessene.

Diese fundamentale und verbreitete Einteilung der Psychologie findet ihre Begründung in der Hirnphysiologie. Die Bedeutung dieser

Disziplin für die Persönlichkeitspsychologie betont Rohracher (1966; 146) „Persönlichkeitsbildung oder Erziehung ist eine Hirnangelegenheit".

Und in der Tat läßt sich aus dem Hirnaufbau ein Schichtenmodell ableiten. Das menschliche Gehirn besteht aus dem stammesgeschichtlich älteren Stammhirn, das sich im Innern des Schädels an das Rückenmark anschließt, und dem stammesgeschichtlich neueren Großhirn, das die alten Hirnteile umschließt und beim Menschen besonders entwickelt ist.

Zwischen beiden liegt das Zwischenhirn, in dem die Instinkte lokalisiert sind (Flucht, Hunger, Durst, Sexualität, Defäkation, Miktion). Unsere Kenntnis der Funktion einzelner Hirnteile ist beim Menschen durch den tragischen Umstand der Hirnverletzungen in den beiden Weltkriegen und bei Tieren durch systematische Versuche gefördert worden. Delgado und Hess konnten mit der Reizung umschriebener Regionen typische Verhaltensformen bei Rindern und Katzen auslösen. Nach der Tötung des Tieres wurde durch Sektion seines Gehirns die Reizstelle genau lokalisiert.

So wenig nun bezweifelt wird, daß die höheren menschlichen Leistungen an das Großhirn gebunden sind, umso umstrittener sind hier genaue Lokalisationen. Diese hatte Gall im 18. Jahrhundert an Hand der Diagnose der Schädelform feststellen wollen. In der modernen Theorie spielt das Stirnhirn als Regulator des Antriebs (P. Schröder 1931, Thomae 1944) aber auch die retikuläre Formation im Zwischenhirn eine Rolle, da das Wachen und Schlafen zu den instinktiv geregelten Abläufen gehört. Die Gestaltpsychologen Gelb und Goldstein (1919) warnen dagegen vor einer allzu umschriebenen Hirnlokalisation. Und in der Tat zeigt sich, daß Ausfälle einzelner Hirnpartien manchmal auf das erstaunlichste kompensiert werden können, indem andere Teile die Funktion der lädierten übernehmen.

Die von den Schichtenlehren hervorgehobene Grundeigentümlichkeit menschlichen Verhaltens läßt sich unmittelbar aus dem Gehirnaufbau ableiten. „Neenzephales Handeln eines Lebewesens tritt zum paläenzephalen Verhalten desselben mehr hinzu als das es dasselbe ablöst." (Rothacker 1952; 42). Das Neuhirn tritt zum

Stammhirn hinzu „wie ein zweites oder drittes Stockwerk zum ersten Stockwerk". Das Alte bleibt darunter, ja daneben erhalten. Unser Verhalten wird von zwei eng verknüpften und in ihren motorischen Äußerungen vielfach verschmelzenden Instanzen gesteuert, der Tiefenperson und der Kortikalperson (Kraus 1919, Rothacker 1952; 2) „Das aktuelle Verhalten ist die Synthese von Verhaltenstendenzen, die auf verschiedene Entwicklungsstadien verweisen" (Kroh 1937). „Das Ich ist der spät zur Herrschaft gelangende Tyrann der tieferen Schichten" (Rothacker 1952; 42). Wir sind also durchaus in der Lage, mit Hilfe eines primitiven Verhaltensrepertoires in einer Situation zu reagieren wie auch überlegt, neenzephal. Oft bricht in Stress- oder Krisensituationen die überlegte Steuerung zusammen. Kretschmer (1923) hat besonders zwei ursprüngliche Verhaltensmuster herausgestellt, die bei Überforderung durchbrechen können: den Totstellreflex und den Bewegungssturm.

Die einflußreichste moderne Schichtenlehre stammt von Sigmund Freud. Unser Seelenleben besteht danach zunächst aus den primären Prozessen (Beispiel Traum, Tagtraum) des Unbewußten. Nur selten und kurz wird es von den sekundären Prozessen (des Denkens, des überlegten Willens) gesteuert. Das Unbewußte überwiegt. Unsere Psyche ist einem Eisberg vergleichbar. Wie bei ihm nur ein Bruchteil aus dem Wasser herausragt, so wagt sich nur ein kleiner bewußter Teil aus dem Unbewußten hervor. Das menschliche Verhalten wird bei Freud zur Funktion konkurrierender Systeme, dem des Es (Unbewußten), des Ich und des Überich. „Vom Ich her gesehen, sind die Regungen des Unbewußten als Zumutung des mörderischen Es zu charakterisieren, jene des Überich als Vorwürfe des strafenden Gewissens." (Thomae 1968; 89) Die drei Instanzen spielen mit verteilten Rollen. Das Es, ein Individuum, unerkannt und unbewußt, geht auf Lustgewinn aus, ist amoralisch, ein chaotischer Raum, gleicht einem Kessel voller brodelnder Erregungen. Das Ich ist hingegen das Konzentrat aller rationalen Potenzen der menschlichen Natur. „Es vermittelte zwischen dem Es und der Realität und sucht das Realitätsprinzip gegen das Lustprinzip durchzusetzen. . ." „Die Sympathie des Autors ist eindeutig auf Seiten dieser weisen, wenn auch ohnmächtigen Personeninstanz. Sein Leitbild ist: Wo Es war, soll Ich werden." „Der Homo sapiens erscheint hier in der Gestalt eines kraftlosen, aber sehenden und wissenden Geistes. Er lenkt, er weist die Richtung, und wenn er

Abbildung 7: Leonardo da Vinci, Mona Lisa, 1503
Das bekannteste Gemälde der Welt. Freud interpretiert das geheimnisvolle Lächeln der Frau im Sinne der Psychoanalyse. Leonardo wurde als uneheliches Kind eines wohlhabenden Florentiner Juristen in einem Dorf auf dem Land geboren, kam aber dann nach einigen Jahren zu seinem Vater und wurde von einer standesgemäßen Stiefmutter erzogen, die der Vater wenig später nach seiner Geburt geheiratet hatte. In dem berühmten gemalten Lächeln, so Freud, drücke sich die kindliche Sehnsucht nach der verlorenen leiblichen Mutter aus.

Wie dem auch sei, Leonardo versuchte mit malerischen Mitteln, das Mysterium und die Einmaligkeit der menschlichen Persönlichkeit abzubilden. Dabei studierte er genau die Lichtverhältnisse. „Wenn Licht von vorn auf die Gesichter fällt, zwischen dunklen Wänden, bekommen die Gesichter deutliches Relief,

Glück hat, vermag er die Kräfte, die ihn tragen und die ihn treiben, gelegentlich dahin zu bringen, wo er möchte.“ (Thomae 1968; 84)

Das Überich sind die strengen, überwachenden, strafenden Augen der Eltern, die sich als eigenes System in uns verselbständigt haben. Dieses behandelt das arme Ich überstreng, beschimpft und erniedrigt es, macht ihm Vorwürfe wegen längst vergangener Handlungen. Verdrängung und Konflikt gelten als die Grundlagen des Verhaltens schlechthin (und aller psychischen Krankheiten). „Verdrängung kommt zustande durch eine Triebregung, deren Befriedigung ja an sich lustvoll wäre, mit den Ansprüchen anderer seelischer Instanzen aber nicht vereinbar ist.“ Die Verdrängung war schon von Nietzsche als ein Abwehrmechanismus erkannt worden. „Mein Gedächtnis sagt ja, mein Stolz sagt nein. Schließlich gibt das Gedächtnis nach.“ Freud hat eine dogmatische Haltung gegenüber der Verdrängung, die er stets als schlecht, als neurotisierend ansieht. Immer muß das Verdrängte wieder bewußt gemacht werden. Die heilende Psychoanalyse ist die Auflösung der Verdrängung. Auch in der Politik gilt schlichtes Vergessen als böse Verdrängung. Untaten, nicht nur die eigenen, sondern auch die der eigenen Familie, die des eigenen Volkes, müssen durch Trauerarbeit seelisch veredelt werden (Mitscherlich 1967). Manche Psychologen sehen hingegen im Vergessen eine wichtige und wertvolle Form seelischer Verarbeitung: Besser gut verdrängt als schlecht analysiert.

Ein weiteres Rollenspiel der seelischen Instanzen, ein Abwehrmechanismus, ist die Projektion. Unakzeptable Neigungen des eigenen Unbewußten werden in die Außenwelt verlegt, bei anderen entdeckt. Auch hier ist der Grundvorgang schon vor Freud erkannt worden. Spricht doch die Bibel davon, daß man den Splitter im Auge des anderen, den Balken aber nicht im eigenen erkenne.

Verdrängte Triebwünsche projiziert der Weiße, der die Neger verfolgt, weil diese angeblich der weißen Frau nachstellten. Der Rorschachtest besteht aus sinnfreien Klexographien. Der Arglose wird in sie nichts besonderes hineinsehen. Beim Abwehr-Mechanismus

---

besonders wenn das Licht von oben einfällt.“ (Pope-Hennessy 1979; 101) Das Portrait sollte die Bewegungen der Seele erfassen. Leonardo widmet sich besonders den entscheidenden mimischen Partien, den Mund- und Augenwinkeln. Diese sind in diesem Gemälde absichtlich vage gehalten. So erzielt er mit malerischen Mitteln den weltberühmten Eindruck von Undurchdringlichkeit, von anmutigem Geheimnis.

Projektion wird die Vp dem Psychologen Vorwürfe machen und behaupten, dieser habe ihm unanständige Bilder vorgelegt.

Auch im Witz und der Psychopathologie des Alltagslebens, dem Versprechen, Verlesen, Vergessen, meldet sich das verdrängte Unbewußte. Der das viele Teetrinken ungewohnte Tourist, der in London die unbewußte Mahnung seiner strapazierten Blase verdrängen will, wird ein harmloses Schild mit einer Vermietungsanzeige To let zwangsweise falsch lesen, nämlich Toilet. „Er war so sehr Altphilologe", zitierte schon der maliziöse Lichtenberg, „daß er statt angenommen immer Agamemnon las". Die Freundin, die die Wohnung ihres Freundes mit der bewußten Drohung verläßt, nie wieder werde sie seine Schwelle überschreiten, verrät ihr verdrängtes Unbewußtes, das gerne zurückkommen möchte, indem sie ihren Regenschirm vergißt.

Im Anschluß an Sigmund Freud entwickelte Ludwig Klages ein Schichtenmodell, das im Geist den Widersacher der Seele sieht. Hatte Freud das Ich als die positive Instanz gesehen, die zwischen der Skylla des Überichs und der Charybdis des Unbewußten seinen gefährlichen Kurs steuert, so setzt Klages die Akzente anders. Verderblich ist der Geist, der in vielem dem Überich entspricht. Hoffnung liegt nur in der Seele, die neben dem Ich auch Funktionen übernimmt, die bei Freud dem Unbewußten zugeschrieben werden.

Der aus der Seele lebende Mensch bei Klages ist nicht der vom unberechenbaren Unbewußten Getriebene oder gar der polymorph Perverse wie bei Freud, er ist vielmehr der mit der Natur und ihrem Rhythmus im Einklang Lebende. Sein Geist stellt den Menschen der Natur gegenüber, stellt ihn in Feindschaft zu ihr. Der lebensfeindliche Takt tötet den Rhythmus der Natur. Der Geist strebt nach Erkenntnis und Macht, die Seele hingegen trägt den „Hingebungstrieb, den entselbstenden Drang, schauend zu verfluten". Wenn nicht ein Wunder geschehe, werde die heutige zivilisierte Menschheit rettungslos dem Geiste und damit dem Untergang verfallen. Klages vertritt hier Ideen der Grünen, der Alternativen.

Freud war in der deutschen Philosophie bis zum Kriegsende verpönt, hierzulande wurde die Schichttheorie vor allem von Erich Rothacker (1938) und von Philipp Lersch (1938) vertreten. Die im Gegensatz zu Freud positivere Beurteilung der tieferen Seelenschichten zeichnet die deutschen Autoren allgemein aus. Menschliches Verhalten sei überhaupt nur adäquat zu erfassen, wenn man seine Vielschichtigkeit, d.h. seinen Ursprung aus verschiedenen Wurzeln erkenne. Besonders werden auch die Gefühle in einer Weise analysiert wie dies in der angelsächsischen Psychologie nie üblich war. Und gerade in den Gefühlen wurde eine der hauptsächlichen Quellen menschlicher Verschiedenheit gesehen. Scheler (1928) hatte den niederen, animalischen Kitzel von der Stimmung (auf mittlerer Ebene) unterschieden und als höchste Form das transitive Gefühl. Stimmung (Trauer, Freude) ist stets in mir, das Gefühl (Freundschaft, Sympathie, Haß) ist auf jemanden gerichtet. Die niederen Schichten sind „angebunden an den Pflock des Augenblicks" (Nietzsche), sind „stumpfwitternden Sinnen" (Herder) zugeordnet, folgen dem „Zug der Bilder" (Klages) unmittelbar, sind an die zeitliche und räumliche Nähe gefesselt, die höheren richten sich in die Ferne. (Rothacker 1952; 72)

Lersch unterscheidet vier Arten von Gefühlsregungen die im Aufbau der Persönlichkeit ihren festen Platz haben:

a) die des lebendigen Daseins. Beispiel Schmerz. („das wirklichste und demnach unvermeidliche Übel, das von innen heraus dem Leben begegnet, es hemmt und bedroht");

b) des individuellen Selbstseins. Gefühle, die der Selbsterhaltung dienen, wie Schreck, Aufregung, Wut, Vertrauen;

c) transitive (die Gefühle Schelers) wie Sympathie, Antipathie, Mitleid;

d) als höchste Form die Schicksalsgefühle, an denen alle Schichten beteiligt sind. Beispiel: Erwartung, Hoffnung, Sorge, Verzweiflung.

Beim Selbstgefühl unterscheidet Lersch das in tieferen Schichten verankerte Eigenmachtsgefühl, das sich auf den leistungsfähigen, gesunden, kräftigen Körper stützt, vom Selbstwertgefühl, das weitaus überlegter und gesteuerter in höheren Schichten seinen Ursprung hat.

Das Konfliktmodell Freuds wird abgelehnt, menschliches Verhalten ist dann am wertvollsten, wenn es echt ist, d.h. wenn alle Schichten an ihm beteiligt sind. Was Freud das Unbewußte nannte, ist bei Lersch der Lebensgrund (der Ort, an dem die Blutchemie wirkt, der Biotonus, die Vitalität sich auf die Psyche auswirken) und der endothyme Grund (Schicht der Triebe und Strebungen, der Anmutungserlebnisse, der stationären Gestimmtheiten). Dem Freudschen Ich und Überich entspricht der personelle Oberbau.

2.1.2 Konstitution

Der Typus ist eigentlich der wichtigste Grundbegriff der Biologie.

E. Kretschmer

Wer Wald einteilt, dem drängt sich früher oder später die Unterscheidung in Laub- und in Nadelholz auf. Diese Unterscheidung ist nicht so sehr in das Material hineingetragen, als vielmehr aus ihm herausgelesen. Die Natur hat von sich aus diese Einteilung gemacht. Der Forscher vollzieht hier einen Gedanken der Schöpfung nach.

Da sich bei den Menschen – sieht man von den Differenzierungen nach Geschlecht und Alter ab, vielleicht auch nach der Rasse – keine ähnlichen augenfälligen Einteilungsgesichtspunkte aufdrängen, nahm Kretschmer die drei großen Geisteskrankheiten als Basis. Ein kühner Gedanke, sah man doch in den Psychosen meist uneinfühlbare Manifestationen menschlichen Verhaltens, die mit den normalen kaum in Beziehung zu setzen waren.

Die rätselhafteste Psychose ist die Schizophrenie in ihren beiden Ausprägungen der Paranoia und der Katatonie. Kretschmers Ausgangspunkt finden wir in seinem wichtigen Buch über den sensitiven Beziehungswahn. Das Grunderlebnis dieser Krankheit ist nachvollziehbar. Wer hat nicht schon erlebt, daß er ein Lachen eines hinter ihm gehenden Passanten auf sich bezog. Der Gesunde freilich weiß diese Vermutung bald zurückzuweisen. Er nimmt die Sache nicht so ernst, zweifelt, ist sich nicht so sicher und denkt sich nichts Weiteres dabei. Nicht so der Kranke.

Dieser zeigt ein übersteigertes natürliches Verhalten: Zusammenhänge auch dort zu sehen und welche zu vermuten, wo keine sind, gehört zum wichtigen das Überleben sichernden Verhaltensrepertoire des Menschen. Auch in Kriminalromanen sagt James Bond, beim erstenmal denkt man Zufall, beim zweitenmal wird man stutzig und beim drittenmal erkennt man: Enemy Action. Nur: der Paranoide ist überhaupt nicht mehr imstande, die Nullhypothese zu akzeptieren. Zwanghaft verknüpft er die Erlebnisse miteinander. Auch in der zweiten Ausprägungsform der Schizophrenie, der Katatonie, finden wir eine übersteigerte menschliche Grundverhaltensform, das Abbrechen der Anteilnahme an der Welt. Wir sehen nunmehr keinerlei Beziehungen, aber auch keinerlei Zusammenhänge, keinerlei Aufforderungscharakter mehr.

Kretschmer nimmt Gedankengänge vorweg, die Bateson weiterdenkt. Dieser versucht eine Verknüpfung älterer Vorstellungen mit moderner Lern- und Kommunikationstheorie und sieht die Schizophrenie als eine Störung, eine Distorsion des Lernprozesses an. In seiner Double-bind-Theorie unterscheidet er verschiedene Lernweisen nach ihrer Kommunikationsform. Einmal das einfache Lernen (Lernen 1), das Lernen von Signalen, Reizen, Mitteilungen und dann das Deutero-Lernen (Lernen 2) von Metakommunikationen. Signale sind nur im Kontext lesbar und lernbar. Bateson gibt Beispiele: Das Händeschütteln der Boxer vor dem Kampf, der Mord im Drama. Die Kommunikation sagt uns in diesem Falle etwas anderes als die Metakommunikation. Dieser ist im Zweifelsfalle zu folgen: Es wäre sinnlos, nach dem Händeschütteln der Boxer den Kampf nicht mehr anzusehen, weil die beiden sich offensichtlich doch nicht ernsthaft schlagen wollen. Auch wäre es töricht, bei einem Bühnenmord die Polizei zu rufen. Oder in einem Western auf den Leinwandbösewicht zu schießen.

Die Schizophrenie wird nun von Bateson als eine Störung angesehen, in der Kontext und Metakontext vermischt, konfundiert werden. Imagination wird mit Wirklichkeit verwechselt, das Wörtliche mit dem Metaphorischen, innere Botschaften mit äußeren Botschaften. Diese Störung werde durch eine pathogene Erziehungsweise der Eltern begünstigt, in der die Signale (Anweisungen) den äußeren Umständen widersprechen. Der Heranwachsende ist nicht in der Lage, Kontext und Metakontext zu trennen. Seine Affekte werden in paradoxen unausführbaren Situationen doppelt gebunden. So etwa in der unausführbaren Aufforderung: Sei spontan!

Es ist schwer zu entscheiden, ob wir bei der Schizophrenie einen hereditären Hintergrund anzunehmen haben oder ob sie die Folge eines besonderen psychischen Familienklimas ist oder ob eine andere Form eines unerforschten mittleren Vorgangs, der nicht durch die Modifikation von Genen, aber auch nicht allein durch Erziehung erklärbar ist.

Kretschmer stellt nun dieser schizoiden Persönlichkeit die cycloide Persönlichkeit gegenüber, die eine Affinität zu der anderen großen Geisteskrankheit besitzen soll, dem manisch-depressiven Irresein. Auch eine Krankheit mit zwei Polen. In der Depression sieht der Kranke im Leben keinen Wert mehr, die Stimmung fällt ins Bodenlose. Er ist bewegungsarm und nicht ablenkbar. Es besteht

Leopold von Ranke Friedrich II

Als eine der vornehmsten Folgen der häuslichen Stürme können wir ansehen, ... daß sich Kronprinz Friedrich der geordneten und strengen Tätigkeit in Staat und Militär, welcher er früher abgeneigt gewesen, später widmete, und zwar keineswegs allein aus Rücksicht auf seinen Vater; er erkannte vielmehr ihre Notwendigkeit; sein Geist, der sich eben zu männlichen Bestrebungen entfaltete, nahm eine freiwillige Richtung darauf. –

Ein persönlicher Antrieb hielt ihn bei diesen (ökonomischen) Dingen fest, seit dem Rheinsberg für ihn erworben ward. – ... mit vieler Sorgfalt pflegt er des Gartens; wir finden wohl, daß er – „denn noch vieles gehe seinem Besitztum ab" – auch in der Wirtschaft neue Versuche macht.

Seine vornehmste Beschäftigung jedoch war und blieb die militärische. Mit der eintönigen Wiederholung eines täglich zu vollziehenden Berufsgeschäftes verknüpft sich leicht eine innere Ironie, die weniger aus Bitterkeit entspringt, als aus Überdruß. Friedrich ging nicht so ganz in der Ausübung militärischer Pflichten auf, daß ihm dies Gefühl nicht zuweilen gekommen wäre. „Ich exerziere", ruft er eines Tages aus, „habe exerziert, werde exerzieren." Aber dabei widmete er sich derselben mit allem denkbaren Eifer. –

Das Buch (die Kriegsdenkwürdigkeiten des Marquis von Feuquière über die Kriege Ludwigs XIV, in denen der strategische Verdienst Condés, Turennes, besonders Luxemburgs hervortreten) hat eine nachhaltige Wirkung auf ihn ausgeübt.

Die Zeiten traten ein, wo sich der menschliche Geist von der Oberherrschaft der geistigen Ideen von allen Seiten losriß. –

Ein Skrupel steigt ihm hierbei in Bezug auf seine religiöse Gesinnung auf, und er vermeidet nicht, ihn zu berühren. Er fühlt es als Unglück eines Fürsten und bezeichnet es ausdrücklich so, nicht gläubig zu sein, wie seine Völker; aber er würde sich schämen, Religion zu heucheln, weil das Volk es wünscht; er denkt, das Volk werde einen Fürsten, der nicht gläubig, aber ein ehrlicher Mann ist, zuletzt mehr lieben, als einen Orthodoxen, der ihm Schaden zugefügt; denn nicht durch Gedanken, sondern durch Handlung mache man Menschen glücklich.

Und mit derselben Rücksicht auf seine besondere Lage faßt er auch die militärische Seite ins Auge. –

Darin aber stimmt er demselben (Macchiavelli) bei, daß ein Fürst seine Truppen selber ins Feld führen und ihnen ein Beispiel der Todesverachtung geben müsse. „Welchen Ruhm", sagt Friedrich, „erwartet ihn nicht, wenn er sein Land von einem Einfall der Feinde befreit, oder auch, wenn er Rechte durchführt, die ihm andere usurpatorischer Weise vorenthalten!"

(12 Bücher Preußische Geschichte, 1847)

Im Gegensatz zu Burckhardt und Treitschke sah Ranke die Weltgeschichte kaum vornehmlich als ein Ergebnis der Taten großer Männer. Vielmehr versagt er sich beinahe sogar überhaupt, Kausalitäten nachzugehen. Aufgabe des Historikers sei es vielmehr, in erster Linie festzustellen, wie es wirklich gewesen sei. Wenn man so will, ist er insofern fast ein Vorläufer der behavioristischen Auffassung. Dabei geht er aber einem vielfältigen Gewebe von Einflüssen nach. Auf Friedrichs Handlungen wirkt seine Lektüre ebenso ein wie die Erwerbung eines Schlosses, die Ermahnungen des Vaters, die öffentliche Meinung. Der unpersönliche Weltgeist bringt die historischen Veränderungen hervor („Die Zeiten traten ein ...").

Bei Rankes großer Vorsicht, die Konturen allzu scharf zu ziehen, bleibt sein Bild Friedrichs etwas blaß. Hier erinnert er an die moderne Psychologie, die ebenfalls eine Unzahl von Faktoren ausmacht, die das Verhalten beeinflussen, dabei aber oft die Faßbarkeit eines Charakters verliert.

Als psychologische Quelle ist Ranke unschätzbar. Kaum finden wir in der Literatur eine exaktere Beschreibung des Vorgangs der Delegation, der Bindung des Kindes an Familienziele, als in der Instruktion von 1722, die Friedrichs Vater, Friedrich Wilhelm I, ihm auftrug und zuletzt in feierlicher Form unmittelbar vor seinem Tode wiederholte.

Friedrich Wilhelm I von Preußen. Instruktion von 1722: „Der Kurfürst Friedrich Wilhelm hat die Aufnahme und das rechte Flor in unser Haus gebracht; mein Vater hat die königliche Würde erworben; ich habe das Land und die Armee instand gesetzt; an Euch, mein lieber Successor, ist, was groß Euere Vorfahren angefangen, zu behaupten und die Prätensionen und Länder herbeizuschaffen, die unserem Hause von Gott und Rechtswegen gehören."

Suicidgefahr. In der Manie hingegen ist alles heiter, alles rosig. Der Kranke ist voller Bewegungsdrang und manchmal so guter Stimmung, daß er wahllos Geld unter die Leute verteilt. Er ist so sehr ablenkbar, daß er nicht mehr imstande ist, kohärent zu denken (Ideenflucht). Alles geht rauschartig schnell und das zerstört den Zusammenhang.

Kretschmers Ansatz geht also eigentlich nicht von zwei festen Typen aus sondern von zwei Grunderlebnissen, die sich polar aufbauen. Basiskonstrukt sind zwei „Proportionen". Die „psychästhetische Proportion" schwankt zwischen dem ängstlichen Verknüpfen von allerlei Bedrohlichem, das in Wirklichkeit nichts miteinander zu tun hat und dem scheuen in sich Zurückziehen. Der Gegenpol, die „diathetische Proportion" erstreckt sich zwischen höchstem rauschhaftem Glück und namenlosem Unglück. Später kommt (nach der Anregung Enkes) ein dritter „Typ" hinzu, der der Epilepsie zugeordnet ist und zwischen den Polen der klebrigen, zähen, leimartigen Langsamkeit und dem der Explosion schwingt, nachdem er seelisch unendlich viel in sich hineingefressen hat.

Die Konstitution besteht aber für Kretschmer nicht nur in diesen Grundformen der Erlebnisverarbeitung. Der psychischen Veranlagung entspricht vielmehr eine körperliche, auf der sie sich aufbaut. Der für die Schizophrenie typische Körperbau ist der leptosome, dem manisch-depressiven Formkreis entspricht die pyknische Statur, der Epilepsie der athletische Körperbau. Kretschmer glaubt nicht, daß alle Manisch-Depressiven Pykniker sind, sondern die meisten, vor allem die typischen. Bei anderem Körperbau ist die Krankheit oft nicht so ausgeprägt. In seinem bekanntesten Buch „Körperbau und Charakter" wird also ein Zusammenhang zwischen Körperbau und Temperament aufgewiesen. Somit ergeben sich folgende Formkreise:

Psychose	Schizophrenie	Manisch-depressives Irresein	Epilepsie
Übergang (Grenzfälle, Psychopathie)	schizoid	zykloid	epileptoid
Temperament	schizothym	zyklothym	(viskös)
Körperbau	leptosom	pyknisch	athletisch

Die Temperamentsbezeichnung viskös hat sich nicht recht durchgesetzt, sie bezeichnet auch mehr den zäh-klebrigen Pol des Temperaments der Athletiker.

Knappe Beschreibung:

Leptosomer Körperbau: Männer zeigen zylindrischen Rumpf mit langgezogenem, schmalem Brustkorb und schmale Schultern. Arme, Beine und der Hals wirken ebenfalls mehr lang. Knochen, Muskeln und Haut sind durchweg grazil, dünn, mager. Der Kopf ist klein, hat oft „steile Eiform". Die langgezogene scharfe Nase kontrastiert mit einem schwach ausgebildeten Unterkiefer, wodurch bei vorspringender Nase und zurücktretendem Kinn leicht eine Neigung zum Winkelprofil entsteht. Die Hautfarbe ist häufig blaß, die Primärbehaarung (Kopf und Brauen) stark, derb, hereinwachsend und langdauernd, bei durchschnittlich schwacher Terminalbehaarung.

Schizothymes Temperament: Neigung zum Autismus, zum In-sich-Hineinleben, zur Abgrenzung einer umschriebenen Individualzone, einer inneren wirklichkeitsfremden Traum-, Ideen- oder Prinzipienwelt, zu einem gleichgültigen oder empfindsamen Sichzurückziehen von der Masse der Mitmenschen oder einem kühlen Hinwandeln unter ihnen ohne Rücksicht oder inneren Rapport. Schizothyme sind zäh und energisch, unbeugsam, prinzipiell und konsequent, oft pedantisch, also Metaphysiker, Systematiker, Exaktheitsfanatiker, geistreiche Ironiker und Sarkastiker, haben oft Takt und Geschmack im persönlichen Stil und aristokratisch verhaltene Bewegungen.

Berühmte Männer dieses Formkreises: Schiller, Kant, Calvin, Robespierre, Friedrich der Große. Berufe: Theologen, Philosophen, Juristen.

Pyknischer Körperbau: Starker Umfang bei schwächlicher Ausbildung des Knochenbaues. Gedrungene Gestalt mit eher kurzen Gliedmaßen, Hände weich und rundlich, „Wurstfinger", Gelenke oft ausgesprochen zart. Großer Schädel mit schöner Rundform. Weiche Gesichtslinien, kleine Augen, unscharfes Profil. Haarwuchs oft spärlich, relativ früh schöne glatte spiegelnde Glatzen. Zyklothymes Temperament: Tendenz zum Aus-sich-Herausleben, starkes Anlehnungs-, Äußerungs- und Applausbedürfnis, Offenheit, Direktheit, Einfühlungsgabe, leichte Ansprechbarkeit des Gefühlslebens, leichte Ablenkbarkeit, Mangel an Objektivität, Mitleid.

Berühmte Männer: Epiker mit köstlichen Detailschilderungen: Gottfried Keller, Fritz Reuter, Adalbert Stifter. Berufe: Ärzte, Naturforscher.

Athletischer Körperbau: Ein breit ausladender muskulöser Schultergürtel dominiert über die stark sich verjüngende untere Körperhälfte mit schmalem Becken und schlanken Beinen. Lange, hängende Arme („Affenarme"). Derber Knochenbau. Straffe Muskulatur in plastischem Relief durchtretend. Auf kräftigem hohem Hals sitzt ein derber Hochkopf mit fester, kräftiger Herausarbeitung von Kinn und Knochenrelief. Im Gesicht derbe, fahlblasse Haut, während sich die Hände bläulich verfärben. Starke Körperbehaarung. Visköses Temperament: Ruhe und geringe Reizempfindlichkeit. Der relativ noch häufigste aktive Affekt ist die explosive Zornmütigkeit. Doch sind starke Affekte im Vergleich zu den anderen Typen überhaupt seltener, besonders aber die sensibleren und differenzierteren Schwingungen. Ernsthaftes, schwerfälliges, wortkarges Wesen, trocken, schlicht und unerschütterlich. Im sprachlichen Ausdruck Telegrammstil, Bevorzugung des Kräftigen und Wuchtigen. Fehlen dessen, was man „esprit" nennt. Neigung zur Perseveration. Große Arbeitskraft und Gründlichkeit.

Berühmte Männer: Hindenburg, Max Schmeling, Baedeker. Berufe: Kraftsportler und Soldaten.

Ein Aspekt, nämlich der des Zusammenhangs zwischen Körperbau und „Charakter" wurde überbetont, machte den Autor weltberühmt und ließ seine anderen Verdienste, auch die um die Persönlichkeitspsychologie etwas in den Hintergrund treten. Doch ist dieser Ruhm verständlich, da hier mit wissenschaftlichen Mitteln eine Lehre bestätigt wurde, die schon aus dem Altertum stammt. Die Anfänge der Konstitutionslehre hängen mit Überlegungen über die Entstehung der Welt zusammen. Der Kosmos setzt sich nach den Spekulationen der Vorsokratiker aus Elementen zusammen. Schließlich werden vier genannt: Feuer, Wasser, Luft und Erde. Diesen Elementen entsprechen die vier Körpersäfte des Menschen, deren besondere Mischung (temperamentum) das eigentümliche Temperament des einzelnen bestimme. Diese vier Körpersäfte waren das Blut (zugeordneter Typ: Sanguiniker), der Schleim (Phlegmatiker), die Galle (Choleriker) und die schwarze Galle (Melancholiker).

Auch der Zusammenhang von Körperbau und Neigung zu bestimmten Krankheiten haben die antiken Ärzte schon gesehen. „Um 400 v.Chr. hat der griechische Arzt Hippokrates eine Einteilung in habitus phthisicus – schmal und lang – und habitus apoplecticus – breit, kurz und dick – vorgeschlagen". „Von funktionalen Gesichtspunkten gingen die Franzosen Restan (1826) und Sigaud (1904) aus, indem sie einen Typus cerebralis, respiratorius, muscularis und digestivus unterschieden" (Rohracher 1975; 15f.).

Von einem ganz anderen (entwicklungsbiologischen) Ausgangspunkt kommt Sheldon (1940, 1942) zu einer Typenlehre, die dem Ansatz Kretschmers in vielem gleicht. Der menschliche Fötus entwickelt sich aus den drei Keimblättern: dem Endoderm (aus dem die späteren Eingeweide entstehen), dem Mesoderm (später Muskeln und Knochen) und dem Ektoderm (später Haut und Gehirn). Sheldon nimmt nun an, die drei menschlichen Typen seien durch das Vorherrschen eines dieser drei Keimblätter zu erklären. Der Endomorphe mit den besonders florierenden Eingeweiden entspricht dem Pykniker, der Mesomorphe dem Athletiker, der Ektomorphe dem Leptosomen. Sheldon versucht durch ein standardisiertes Schätzsystem für jeden Menschen die entsprechenden Mischverhältnisse zu bestimmen. Der extreme Pykniker bekäme 7-1-1, ein 1-5-4 Mensch wäre ein Mesomorpher mit starkem ektomorphen Einschlag.

Auch Kretschmer war klar, daß viele Menschen keinem der Körperbautypen exakt zugeordnet werden können, er sprach in diesem Falle von Legierungen (und hielt den Verf. für eine leptosom-athletische Legierung). Durch seine genauere zahlenmäßige Fixierung der Anteile glaubt Sheldon Zusammenhänge zwischen Krankheiten und bestimmten Mischungen feststellen zu können.

Die Kennzeichnung der Temperamente (Viszerotonie, Somatotonie, Cerebrotonie) entspricht grosso modo der Kretschmers, sie ist freilich etwas gröber und wertet den Somatotonen (Athletiker) auf, der in Tübingen manchmal mit leicht spöttischer Überheblichkeit gezeichnet wurde. Aber vielleicht sind wir ohnehin in ein athletisches Zeitalter getreten, in dem schizothymer Feinsinn und zyklothyme Differenzierungen der Stimmung nicht mehr viel zählen. Kretschmer hat auf einen anderen Umschwung des epochalen Typs hingewiesen. Während im 15. und 16. Jahrhundert ein leptosomes Schönheitsideal vorherrschte (Mädchen der Frührenaissance, Botticelli, Dürers Hände, die Figura serpentinata des Manierismus), kam im 17. die pyknische Schönheit zum Zuge (Rubensfigur).

Der von Kretschmer behauptete Zusammenhang zwischen Körperbau und Temperament ist umstritten, trotz vieler positiver Untersuchungsergebnisse und Berechnungen (Hofstätter und Wendt 1966). Wie auch immer, selbst wenn man diesen Aspekt ausklammert, ist Kretschmers Ansatz wichtig und zukunftsweisend, da er in vielem den kognitiven Ansatz vorwegnimmt: Die Art eines Menschen diese Welt zu sehen, seine Perspektive, entspricht einer konstitutionellen Wurzel. Und diese Komponente mit der psychästhetischen und der diathetischen Proportion in Verbindung zu bringen ist einer der fruchtbarsten bisherigen Versuche.

Ähnlich wie sich in den Schichtenlehren eine vereinfachte polarisierte Form nachweisen läßt, die den komplizierten Aufbau der Seele in die einfachen Gegensätze oben : unten faßt, so auch bei den Konstitutionslehren. Hier wird der Gegensatz gesehen zwischen denen, die nach innen leben, den Introvertierten, und den sanguinischen Extravertierten.

Nicht nur Sheldon hat in seinem Ansatz Ähnlichkeiten mit Kretschmer Typenlehre, sondern auch noch zwei andere Forscher, C.G. Jung und H.J. Eysenck. Auch bei Jung (1911) ist ein Ausgangspunkt die teilnehmende Beobachtung der schizophrenen Erkrankung. Jung sucht die rätselhaften Vorgänge des In-sich-Zurückziehens und der faszinierenden Bilder zu deuten, die sich vor den Sinnen der Halluzinierenden abspielen. Jung nimmt als Erklärungshilfe die Reaktionen auf Schmerz. Im normalen Lebensvollzug richte sich die Aufmerksamkeit nach außen. Der Mensch wendet sein Interesse der Umwelt zu, Augen und Ohren nehmen auf, was sie an Abwechslung zu bieten hat. Der natürliche, ungestörte Zustand sei die Extraversion der Libido, jener allgemeinen Lebenskraft, die Freud fälschlicherweise rein sexuell interpretiert habe. Bei Störungen würde dieser reguläre Fluß unterbrochen. Der Schmerz lenke den Strom des Bewußtseins nach innen. Die Aussenwelt wird uninteressant, farblos, grau, sie schrumpft zusammen und versinkt. Introversion ist also für Jung zunächst das Ergebnis einer Störung.

Dann sieht er Introversion und Extraversion als Lebensstile an, als Anpassungsweisen des Individuums an die Aufgaben der Welt. Der Introvertierte löst diese Aufgabe, indem er sich verteidigt und abschließt, der Extravertierte durch Angriff und Kontakt (Jung 1926). Diese verschiedenen Lebensstile seien wohl auf Dispositionen zurückzuführen, die physiologische Gründe hätten.

Eysenck (1952; 1953) kommt von anderen Voraussetzungen zu überraschend ähnlichen Ergebnissen. Er setzt bei einem Experiment an. Extravertierte lernen den bedingten Lidschlagreflex schlechter. Sie bauten schneller und stärker als Introvertierte eine Lernhemmung (Block) auf und bauen sie langsamer ab. Sie sind also schlechter zu konditionieren. Hier gelangt auch Eysenck (1965; 19) an den Ausgangspunkt Kretschmers. Die Überverknüpfung, Wurzel der Paranoia, wird nun lerntheoretisch begründet. „Introvertierte, die dazu neigen, schnell und nachhaltig bedingte Reaktionen auszubilden, werden wahrscheinlich die sehr starken in der Situation entstehenden Furcht- und Schmerzreaktionen mit zufälligen oder nebensächlichen Situationsmerkmalen assoziieren und auf diese Weise bedingte Reaktionen entwickeln, die irrelevant, unangepaßt und neurotisch sind".

Extravertierte haben Nebenumstände weniger gelernt, da sich ihr Gehirn in kritischen Perioden abgeschaltet hat. Sie sind infolgedessen sorgloser, anmaßender, geselliger, aktiver, behaupten sich besser selbst. Sie sind, wenn man so will, schlechter sozialisiert, reagieren auf angedeutete Drohungen kaum und wittern keine heraufziehenden Gefahren. Die Introvertierten sind dagegen übersozialisiert, ängstlich, hören die Flöhe husten und reagieren schon auf die Andeutung von Geboten und Verboten der Gesellschaft.

In den Kategorien Batesons ausgedrückt: Introvertierte verknüpfen in stärkerem Maße Kontext und Metakontext, während die Extravertierten durch eine heilsame Blockade in ihrem Gehirn an dieser an sich stupenden aber nicht in jedem Falle überlebenswichtigen Lernleistung gehindert werden. Eysenck sieht eine Bestätigung seiner Theorie in der Drogenwirkung. Hemmende (sedierende) Drogen rufen extravertiertes, stimulierende (erregende) Drogen introvertiertes Verhalten hervor.

Eysenck findet in seinen faktorenanalytischen Untersuchungen dann noch zwei weitere unabhängige Persönlichkeitsdimensionen: Neurotizismus und Psychotizismus. Die Persönlichkeit eines Menschen könnte dann nach seiner Position in diesen drei Dimensionen (und einer weiteren, der Intelligenz) ausreichend gekennzeichnet werden.

Die einfache Einteilung Introversion:Extraversion klingt in einer Reihe von weiteren Ansätzen an. Philipp Lersch (1955) findet unsere Dimension in der menschlichen Gestik wieder. Den wesentlichen Eindruck eines Gesichtes erhalten wir durch den Grad seiner Zuwendung. Besonders sprechen hierbei die Augen und der Mund. Lersch unterscheidet den offenen vom verdeckten Blick, den vollen Mund („sinnliche" Lippen) vom zusammengepreßten je nach

Gottfried Keller — Pankraz, der Schmoller

Der Sohn war ein unansehnlicher Knabe von 14 Jahren, mit grauen Augen und ernsthaften Gesichtszügen, welcher des morgens gern im Bette lag, dann ein wenig in einem zerrissenen Geschichts- und Geographiebuche las und alle Abend, Sommers wie Winters, auf den Berg lief, um dem Sonnenuntergang beizuwohnen, welches die einzige glänzende und pomphafte Begebenheit war, welche sich für ihn zutrug. –

Dann und wann, jedoch nur selten, beschrieb er ein Blatt Papier mit seltsamen Listen und Zahlen, welches er dann zu einem kleinen Bündel legte, das durch ein Endchen alte Goldtresse zusammengehalten wurde. –

Im übrigen war es ein eigensinniger und zum Schmollen geneigter Junge, welcher nie lachte und auf Gottes lieber Welt nichts tat oder lernte. –

Das Söhnlein, welches bei aller Seltsamkeit in Eßangelegenheiten einen strengen Sinn für militärische Regelmäßigkeit bekundete und streng darauf hielt, daß jeder nicht mehr noch weniger nahm als was ihm zukomme, sah stets darauf, daß die Milch oder die gelbe Butter, welche am Rande der Schüssel umherfloß, gleichmäßig in die abgeteilten Gruben laufe; das Schwesterchen hingegen, welches viel harmloser war, suchte, sobald ihre Quellen versiegt waren, durch allerhand künstliche Stollen und Abzugsgräben die wohlschmeckenden Bächlein auf ihre Seite zu leiten, und wie sehr sich auch der Bruder dem widersetzte und ebenso künstliche Dämme aufbaute und überall verstopfte, wo sich ein verdächtiges Loch zeigen wollte, so wußte sie doch immer wieder eine geheime Ader des Breies zu eröffnen oder langte kurzweg in offenem Friedensbruch mit ihrem Löffel und mit lachenden Augen in des Bruders gefüllte Grube. Alsdann warf er den Löffel weg, lamentierte und schmollte ...

(Die Leute von Seldwyla, 1854)

Auffällig ist die empirische Grundhaltung des Realisten. Eine genauere Beobachtung, eine aufschlußreichere und typischere Situation als die des täglichen gemeinsamen Essens, finden wir selten. Die Schlüsse auf Persönlichkeitsstrukturen werden unmittelbar aus der Beobachtung abgeleitet. Ohne daß die Personen auch nur ein Wort äußern, verraten sie ihre Motive. Auch eine Psychologie, die der Sprache mißtraut, wird also Keller ihren Respekt nicht versagen können.

Aber selbst bei dieser realistischen, vorurteilslosen Grundhaltung beeinflussen ideologische Schemata die Auffassung. Kellers Ideal von einer freiheitlichen, aber wohlhabenden bürgerlichen Gesellschaft führt ihn dazu, das Nichtstun seines Helden, sein langes im Bett Liegen, nicht nur zu registrieren, sondern zugleich zu mißbilligen. Bei der Kennzeichnung des Vorgehens der cleveren kleinen Schwester nimmt Keller Erkenntnisse der Adler'schen Schule über die Formen der Wirkung der Geschwisterkonstellation vorweg. Doch ist dieses Deuteschema des tumben Mannes, der von der geschickteren Frau immer wieder übertölpelt wird, ein alter topos, der im 18. Jahrhundert etwa in Mozarts Cosi fan tutte auftritt.

---

der Form des Umweltkontaktes, den ein Mensch habituell pflegt. Weniger gut läßt sich die Dimension an der Nase ablesen. Aber immerhin verraten geblähte Nasenflügel eher Extraversion, zusammengezogene eher Introversion. Auch bei der Stellung von Armen und Beinen läßt sich der Grad der Offenheit ablesen. Verschränkte Arme und übereinandergeschlagene Beine, die verkrampfte Faust signalisieren Unsicherheit, Abwendung oder Abschließung, das Spreizen von Armen oder Schenkeln, das Öffnen der Hand dagegen Zuwendung. Selbst bis in physiologische Bereiche, die dem Willen nicht unterworfen sind, sind ähnliche Mechanismen nachweisbar. Hess (1975) zeigt, daß die Dilatierung der Pupille Zuwendung und Zustimmung, Sympathie ausdrückt, Verkleinerung hingegen Abwendung und Antipathie.

Persönlichkeitstheorien sind nicht nur Nachforschungen nach abstrakten Naturgesetzen, sondern immer auch Strategien, das Leben zu meistern. Und wenn ich mich mit einem anderen Menschen beschäftige, dann mag für mich sein Interesse an lyrischer Dichtung, sein Bestimmtsein von der Endgültigkeit der eigenen Situation hochinteressant sein, aber grundlegender ist die Freund-Feind-Dimension. Wenn ich mich mit einem fremden Menschen beschäftige, ist es zunächst so ähnlich, wie wenn ich ein fremdes Tier sehe, etwa einen Hund. Ich möchte vor allem wissen, beißt er oder läßt er sich streicheln. Insofern sind Informationen über die Dimension Zuwendung: Abwendung bei meinem Gegenüber Überlebenswissen. Was Wunder, daß sich ein guter Teil des Nachdenkens um diesen Punkt dreht.

Eine gewisse Zusammenfassung der dispositionellen Ansätze finden wir in der Handschriftendeutung von Ludwig Klages. Ein wesentliches Prinzip ist hierbei die Raumsymbolik, in der sich die beiden Gliederungsprinzipien, die unser räumliches Kategoriensystem nahelegt, ausdrücken, nämlich Schicht (oben:unten) und Introversion:Extraversion. Eine Schrift, die die Oberlängen betont wird in Zusammenhang mit dem Geist (dem Willen, dem rationalen Ich) gebracht, ausgeprägte Unterlängen deuten auf den Trieb, den Drang, das Unbewußte hin. Die Extraversion erkennt man an der Rechtsneigung, dem drängenden Streben in die Schreibrichtung, auch durch die Bindungsform der Girlande. Arkadenbindung und Linksneigung sind dagegen raumsymbolische Zeichen der Introversion.

2.1.3 Über Faktoren

Erst sehen, dann zählen und messen.
E. Kretschmer

Einteilungen entsprechen einem menschlichen Grundbedürfnis. Dichotomien gehören dabei wohl zu den ersten Gliederungsformen. Wir, die unseren und die anderen, mein Clan und die Fremden, Bayern und Nicht-Bayern, good guys and bad guys, Welfen und Waiblinger. Lévi-Strauss (1962b) führt dieses Gliederungsprinzip auf den Totemismus zurück: Kinder der Schlange und Kinder des Adlers. Aus diesen Zugehörigkeiten leiteten sich die Identität und viele Verhaltensweisen ab, etwa Heiratsgebote und -verbote. Noch heute ist uns das Grundmuster der Zweiteilung aus dem Sport, dem Kartenspiel, dem Kriminalfilm und dem Parlamentarismus (Duverger) geläufig. Zimbardo (1980) ließ in einem Experiment Studenten Gefängnis spielen. Die Wärter benahmen sich wie Wärter und die Gefangenen wie Gefangene in so starkem Maße, daß sie schließlich Angst vor den Wärtern hatten. Das experimentelle Auseinanderleben, das dann zu gegensätzlichen auf einander bezogenen Verhaltensmustern führt (Schismogenese) und, wenn man so will, den Totemismus im Verhaltensrepertoire des modernen Menschen nachweist, zeigte auch Sherif (1965) in seiner Räuberhöhlenstudie. Er teilte in einem Jugendlager willkürlich die Teilnehmer in zwei Hälften, die dann das Bedürfnis hatten, sich gegeneinander abzusetzen und feindliche Haltungen gegeneinander einnahmen.

Auch die Religionen teilen die Menschen in Gläubige und Heiden, Beschnittene und Nicht-Beschnittene. Oft wird hinter dieser Einteilung ein göttlicher Ratschluß vermutet, Jahwe wird nicht nur auf der Seite der eigenen Truppen gesehen, er gilt auch als der Urheber der Ordnung. Und das Wissen über seine Einteilungsprinzipien gehört zu den wertvollsten religiösen Geheimnissen.

In der Neuzeit tritt an die Stelle Gottes die Natur, die nun ihre geheimen Einteilungen vorgenommen hat. Und der Naturforscher ist nicht weniger neugierig als der Primitive, in der geheimen Chiffrenschrift zu lesen. Mit der Entdeckung der Elementarteilchen in der Physik und des Systems der Elemente in der Chemie schienen die Forscher den Schleier eines der verborgensten Naturgeheimnisse gelüftet zu haben.

Für die Psychologie sollte nun die Faktorenanalyse die verborgenen Grundelemente herausschälen, die dem bunten Spiel der menschlichen Verschiedenheit zugrundeliegen. Eysenck war mit wenigen Faktoren ausgekommen. Noch gründlicher geht Cattell (1965) an die Arbeit. Zunächst sammelt er Daten über Menschen. Die Daten bekommen von Cattell Zensuren. Es gibt gute (verläßliche) und schlechtere. Er unterscheidet L-Daten, Q-Daten und T-Daten. L-Daten (Life record) beschreiben Menschen in Alltagssituationen und gehen entweder aus Fremdbeurteilungen (Lehrer, Freunde) hervor oder aus objektiven Lebensdaten (Geburtsdatum, Geschwisterzahl). Q-Daten gewinnt man durch Frageborgen (Questionnaire), T-Daten durch objektive Tests (Messungen). Während die L-Daten für Cattell problematisch sind, haben die T-Daten nach seiner Ansicht die höchste Objektivität.

Als nächstes sichtet er die sprachlichen Beschreibungsmöglichkeiten. Aus dem Lexikon der Eigenschaftsnamen (trait names) von G. W. Allport und A.S. Odbert (1936) entnahm er viereinhalbtausend Namen für Persönlichkeitsmerkmale und fügte weitere psychologische und psychiatrische Ausdrücke hinzu. Dieses Inventar ließ er durch fachkundige Beobachter auf ein Skelett von 12 bipolaren Faktoren reduzieren.

Nun könnte es Cattell bei diesen 12 Faktoren lassen, Heureka rufen und sich als Mendelejeff der Psychologie feiern lassen. Doch daran hindert ihn das Mißtrauen der modernen Naturwissenschaft gegenüber der Sprache. Über lange Perioden der abendländischen

Geschichte war man der Überzeugung, daß sich Gott vor allem in sprachlicher Form den Menschen offenbart. Die Heilige Schrift war das Feld aller gedanklichen Analysen, so wie heute die Atomphysik der Bezugspunkt des naturwissenschaftlichen Denkens ist. Die Natur hingegen galt damals als tückisch, unsicher, eine Domaine teuflischen Truges. Das alte Vertrauen in die Sprache wird von der geisteswissenschaftlichen Psychologie aufgegriffen. Die Sprache ist Geist. Am Anfang war das Wort. Diese Richtung glaubt an die Weisheit der Sprache. Diese ist ein „Quell der Seelenkunde" (Klages).

In der Neuzeit wurden durch die Naturwissenschaften die Akzente verkehrt. Das Mißtrauen gegenüber der unsicheren Natur wird auf die Sprache übertragen. In ihr fühlt sich der Naturwissenschaftler ebenso unwohl wie der mittelalterliche Mensch im Wald, wo die bösen Geister umherspukten. Die Sprache ist unlogisch. Wir kennen das aus dem Alltag. Der Vater und die Väter, der Kater und nicht die Käter. Ein Honorarprofessor bekommt kein Honorar und ein Generalanzeiger zeigt keine Generale an. Was hier als plumper Scherz erscheint, wird von Wittgenstein (1922) zu einem wesentlichen Einwand gegen eine Wissenschaft im Medium der Sprache ausgebaut.

Im Fahrwasser dieser geistigen Strömung stellen sich einige moderne Psychologen das Ziel, ihre Ergebnisse in mathematischer Form darzustellen. Ähnlich wie Heisenberg eine physikalische Weltformel fand, so wollte Hull in wenigen Formeln das menschliche Verhalten fassen. Gedanken, die durchaus Vorläufer in der Antike hatten. Die Pythagoreer waren der Überzeugung, daß Gott in Zahlen denke. Platon hatte diesen Spruch über dem Eingang der Akademie. Galilei griff diese Überzeugung auf, die dann in der modernen Kunst die kubistische Revolution befruchtete. Cézanne, Picasso, Juan Gris glaubten, die unendliche Mannigfaltigkeit der visuellen Erscheinungen auf wenige abstrakte geometrische Grundformen zurückführen zu können. Die Faktorenanalyse wird von verwandten Idealen getragen. Faktoren müssen errechnet werden. Und es spricht für das Gelingen der Arbeit, wenn sich die Ergebnisse in der gewöhnlichen Sprache nicht wiedergeben lassen. Cattell entwickelt manchmal eine Art Kunstsprache bei der Kennzeichnung seiner Faktoren. Er zeigt, daß er sich vom Raum der Alltagssprache gelöst hat. 1957 findet er 16 fundamentale Beschreibungsdimensionen der menschlichen Persönlichkeit (Primärfaktoren). Die erste ist eine alte Bekannte: A Cyclothymia vs. Schizothymia. Hier wird mehr oder minder wiederholt, was schon bei Kretschmer steht, dort allerdings in höherer Auflage.

Dann aber:
H Parmia vs. Threctia. Will man diese tiefe Wurzel menschlicher Eigentümlichkeit mit banalen Worten umschreiben, so wären diese etwa: Couragiert, abenteuerlustig, sorglos, freundlich, forsch, impulsiv vs. gehemmt, reserviert, scheu, ängstlich, besorgt, reflektiert.

Zur Darstellung der übrigen Faktoren siehe Cattell 1957.

2.2 Kognitive Ansätze

2.2.1 Der Anteil des Betrachters

Bisher haben wir die menschliche Persönlichkeit in ihrer Abhängigkeit von äußerlichen Faktoren betrachtet. Das Geschlecht wird durch die Gene bestimmt, auch die Konstitution und das Lebensalter sind Schicksal. Ebenso die Zugehörigkeit zu einer bestimmten Rasse oder Nation. Gewiß, wir haben gesehen, daß es durchaus nicht unwichtig ist, wie der einzelne auf die äußerlichen Gegebenheiten reagiert. Um ein richtiger Mann, eine richtige Frau, ein richtiger Schweizer zu sein, bedarf es einer innerlichen Reaktion auf das äußerliche Schicksal.

Im kognitiven Ansatz wird dieser innere Anteil nun ernst genommen und zum neuen Ausgangspunkt der Forschung. Die kognitive Schule sieht (im Gegensatz zu den Lerntheoretikern) den Menschen nicht so sehr als ein information-aufnehmendes, sondern vielmehr als ein information-verarbeitendes Wesen.

Einer der Ahnen dieses Ansatzes ist neben Berkeley der Königsberger Philosoph Immanuel Kant (1757 bis 1810). Er betonte den subjektiven Anteil am Erkennensprozeß.

Das Kernproblem der Kritik der reinen Vernunft (Wie sind synthetische Urteile a priori möglich?) ist die Berechtigung von Verknüpfungen, auf die man dann bauen kann. Wenn man so will, ist hier eine Verbindung zu Kretschmers Ausgangspunkt der Überverknüpfung. Kants Standpunkt nennt man Idealismus im Gegensatz zum Realismus, der eine getreue Repräsentanz der Außenwelt im Erleben annimmt. Die Wahrheit ist nach Ansicht der Scholastik, die sich an Aristoteles anlehnt, eine Annäherung des Intellekts an die Sache.

Nach John Locke ist nichts im Intellekt, was nicht vorher in den Sinnen war. Schlagwortartig formuliert dagegen Schopenhauer die Grundansicht des Idealismus, die Außenwelt ist nicht Abbild, sondern die Welt ist „Wille und Vorstellung".

In die Naturwissenschaften führte diesen idealistischen Ansatz der Biologe J. von Uexküll ein. Er zeigte, daß die Wahrnehmungswelt eines Hundes von der einer Fliege völlig verschieden ist. Ein extremes Beispiel ist die Welt einer Zecke, die nur aus zwei Sinnesqualitäten besteht. Die Zecke empfindet und reagiert nur auf Wärme und auf Fettsäure.

Uexküll übertrug seinen Ansatz mehr essayistisch auch auf den Menschen. Er beschreibt die Umwelt der Neapolitaner, russischer Juden und adeliger Damen. Ein und dieselbe Welt wird verschieden erlebt, ja, sie ist für die Betrachter verschieden.

Systematischer setzten sich Gehlen und Rothacker mit dem Ansatz Uexkülls auseinander. Auch in der amerikanischen Sozialpsychologie hat der kognitive Ansatz eine frühe Wurzel. W.I. Thomas untersucht die Reaktion polnischer Auswanderer auf ihre neue Umwelt. Er formuliert den Grundsatz: „Wenn Menschen eine Situation als real definieren, so hat dies Konsequenzen für die Wirklichkeit."

Ein besonders eindrucksvolles empirisches Beispiel für die subjektive Komponente am Erkennungsprozeß liefert Haskell (1972). Sie zeigt, daß ein berühmtes Bild der Kunstgeschichte aus dem späten Rokoko Watteaus „Gilles" im 19. Jh. uminterpretiert wurde. Das Gemälde zeigt den Spaßmacher wie er auf einer Parade, einer kostenlosen Werbeveranstaltung vor der Vorführung, das Publikum auf diese aufmerksam machen soll. Seit dem 19. Jh. aber sieht man im Gilles den Prototyp des traurigen Clowns, eine Identifikationsfigur der Künstler und Intellektuellen. „Er lehnt es ab, fiktiv satt zu werden oder auch nur Wünsche zu vergeistigen. (Er) will an den Erfüllungsort" (Bloch 1973; 107).

Die Freiheitsstatue vor dem Hafen von New York war ursprünglich ein revolutionäres, durchaus aufmüpfiges und linkes Symbol, das

Abbildung 8: Albrecht Dürer, Die vier Apostel, 1526

Dargestellt sind vier Heilige (3 Apostel, 1 Evangelist), nämlich von links beginnend: Johannes, Petrus, Markus, Paulus. Es ist umstritten, ob die beiden Tafeln ursprünglich als Seitenbilder eines Marienaltars konzipiert waren. Jedenfalls sind sie ein Beitrag der Persönlichkeitstheorie der Renaissance. Dürer bildet nämlich die vier Temperamente ab. Johannes, der Sanguniker mit der Symbolfarbe Rot, steht dem dunklen Melancholiker Paulus gegenüber. „Paulus war der Held eines neuen Glaubens, ebenso wie die Melancholie, die Signatur eines neuen menschlichen Typus war, den wir Genie nennen.“ (Panofsky 1977; 314) Petrus verkörpert den Phlegmatiker, Markus den Choleriker.

Der Anspruch, mit diesen Typen die Grundformen menschlicher Erfahrungen (vor allem auch der religiösen) zu umfassen, wird auch dadurch erhärtet, daß zugleich die menschlichen Lebensalter abgebildet sind, der sanguinische Jüngling, das cholerische frühe Mannesalter, das melancholische späte Mannesalter des Paulus und das Greisenalter des phlegmatischen Petrus.

vornehmlich deswegen nach Amerika kam, weil man es im konservativen Frankreich nicht aufzustellen wagte. Seit den Weltkriegen aber wurde das Denkmal mehr und mehr als eine Verkörperung des eher konservativen amerikanischen Nationalismus aufgefaßt.

Hatten wir bisher gesehen, daß bestimmte weltgeschichtliche Ereignisse die Menschen prägen, so müssen wir jetzt erkennen, daß diese Ereignisse durchaus verschiedene Stellungen im individuellen Weltbild einnehmen können. Bateson (1972; 470ff.) sieht etwa den Versailler Vertrag und den Durchbruch der Kybernetik als die beiden Schlüsselerlebnisse seines Lebens an. (Nicht die beiden Weltkriege, die Verbreitung des Automobils, von Rundfunk und Fernsehen). Versailles sei ein entscheidender internationaler Wortbruch gewesen, der die weitere Weltgeschichte beeinflußt habe, da er das Muster des internationalen Verhaltens verändert habe.

Doch noch in einem zweiten Punkt wurde die Sozialpsychologie für die Persönlichkeitspsychologie fruchtbar. Bisher suchte man die menschlichen Unterschiede vor allem in äußeren Fakten, weil man glaubte, von diesen äußerlichen Fixpunkten zu stichhaltigen Ergebnissen zu kommen. Die menschlichen Meinungen schienen nicht nur zu schwankend, um einen günstigen Ansatz zu bieten, sie schienen auch zu vielfältig. Tot capita, tot mentes: soviel Köpfe, soviel Meinungen. Die genaueren Untersuchungen der Sozialforschung zeigen jedoch, daß die Meinungen der Menschen eher gleichförmiger sind als andere Phänomene und daß sie außerdem eine recht stabile Größe sind. (Koch-Hillebrecht 1978)

Wie eine Art Kreiselkompaß hält uns eine Art inneres Gespräch auf Kurs. Der normale (nicht neurotische) Mensch bekräftigt das eigene Tun und Lassen durch ein zustimmendes Selbstgespräch. „Dem hast Du es gegeben!" „Das hätten wir mal wieder geschafft!" Auch die Unterhaltungen zwischen Ehepaaren, Freunden, sind vornehmlich bekräftigender Art. Man sucht die Zustimmung, die erst die Gruppenbildung möglich macht. Ein extremes Beispiel, die Zustimmung des Zuhörers zu finden, ist die Situation des Angeklagten vor Gericht. Bei Max Frisch rät der Verteidiger dem Grafen Öderland, einen Mörder bei der Schilderung des Tageslaufs darauf hinzuweisen, daß er immer während der Dienstzeit die Toilette aufsuchte. Hier könne er auf Billigung des Richters rechnen. Im englischen Sprachraum kennt man den Richter, der den Angeklagten fragt, der seine Frau mit dem Golfschläger ermordet hat, welches Eisen haben Sie genommen? Auf die Antwort – die Nummer fünf – antwortete der verständnisvolle Richter: „Hätte ich auch genommen." Das verinnerlichte Gespräch entsteht vermutlich in frühen Jahren. Beim Vorschulkind finden wir es noch als laut bestätigende Begleithandlung zum Spiel. Die Bewegungen der Eisenbahn werden kommentiert: Anfahren, stop, weiterfahren, puff, puff, puff. Auch die Geräusche werden mit der Stimme kopiert und wirken beim Kind äußerst befriedigend. Später wird dieses Gespräch verinnerlicht und bildet die Grundlage für das System unserer Meinungen, Überzeugungen, Stereotype. Der neurotische Mensch zeichnet sich durch Fehler in diesem Bekräftigungssystem aus. Er kommentiert seine Handlungen meist negativ, boshaft und zerstörerisch. „Nur mir konnte das passieren". „Immer auf die Kleinen und dann auf den Kopf".

Da lerntheoretische Überzeugungen den stillschweigenden Hintergrund der Psychologie in den letzten Jahrzehnten bildeten, gleicht die kognitive Wende einem Paradigmawechsel. Die Wissenschaft sucht sich neue Denkmodelle. Hierbei kann sie auf eine alte alternative Richtung, die Stoa, zurückgreifen. Ein lebendiges Beispiel war Diogenes, der in seinem Faß lebte und damit zeigen wollte, daß das Glück nicht von äußeren Umständen abhänge, sondern von kognitiven Faktoren. Am Tage ging er mit einem Licht umher, um einen Menschen zu suchen. Wer den behördlich sanktionierten und subventionierten Unfug der Test- und Experimentalpsychologie betrachtet, erkennt die Weisheit des Diogenes. Epiktet sprach eine tiefe Weisheit aus: Nicht die Dinge beunruhigen uns, sondern die Meinungen, die wir über die Dinge besitzen.

Heute wird die schon als Schlagwort und Kampfruf verwendete Bezeichnung kognitiv in einem engeren und in einem umfassenderen Sinn gebraucht. Die engere sieht die Persönlichkeit als „Inbegriff spezifischer Formen der Wahrnehmung der Umwelt" (Thomae 1968; 219) Hierbei werden dann oft einzelne experimentell besonders gut erfaßbare Phänomene als elementare Unterscheidungsmerkmale zwischen Menschen aufgefaßt. Ehe wir die umfassenderen Ansätze betrachten, die den gesamten Stil der Auseinandersetzung mit der Umwelt, oft unter Einbeziehung motivationaler Gesichtspunkte in den Blick nehmen, sollen diese partiellen Ansätze betrachtet werden.

2.2.2 Partielle Ansätze

Menschen besitzen verschiedene Wahrnehmungsapparate, also entwickeln sie verschiedene Weltbilder und verschiedene Verhaltensweisen. Der Kretschmerschen Schule ist schon früh die Form- und die Farbbeachtung aufgefallen. Danach gibt es also Menschen, die sich vornehmlich an den Farben der Außenwelt orientieren. Andere lassen diese fast außer acht, sie leben in einer Welt der Formen, wie wenn diese in einem Schwarz-Weiß-Film aufgenommen worden wäre. Scholl (1927) gab seinen Vpn. zunächst 10 sec. Bilder vor, auf denen einfache Figuren in bestimmten Farben zu sehen waren. Danach wurde eine größere Gruppe von Figuren nur 2 sec. dargeboten. In ihr war die vorhergezeigte Vorlage in der identischen Figur (mit falscher Farbe) und mit identischer Farbe (aber falscher Figur) zu sehen. Scholl sprach von Formreaktion, wenn die richtige Form, von Farbreaktion, wenn die richtige Farbe herausgefunden wurde. Bei Schizothymen fand er vornehmlich Form-, bei Zyklothymen vornehmlich Farbreaktionen.

Auch beim Rorschachtest gibt es Vpn., die die Farbgebung der Tafeln weitgehend mißachten. Andere dagegen werden von Farben so fasziniert, daß sie die Form vergessen. Bei der Auswertung wird die Farbbeachtung als Ausdruck größerer Emotionalität gedeutet. Im täglichen Leben findet man Menschen, die die Farbe ihres Hauses, Autos oder Kleides kaum angeben können, wohl aber Typ und Form. Andere wissen genau, daß das Haus lindgrün und das Auto mitropa-rot ist, aber sie haben Schwierigkeiten, den Autotyp und die Hausform zu nennen.

Die Weite der Aufmerksamkeit ist ein weiterer Faktor, nachdem sich der menschliche Wahrnehmungsapparat unterscheidet. Kretschmer ließ einige Vpn. in einem Vorzimmer warten, das mit mannigfaltigen Einrichtungsgegenständen ausgestattet war. Die Schizothymen konnten meistens nur wenige dieser Gegenstände beschreiben, den Rest hatten sie kaum wahrgenommen. Anders die Zyklothymen, die einen umfassenden detaillierten Bericht über die gesamte Ausstattung geben konnten. Van der Horst und Lutz wiesen den engeren Auffassungsumfang der Schizothymen auch im tachistoskopischen Experiment nach. Offenbar fühlen sich bestimmte Menschen wohler, wenn sie nicht so viel wahrnehmen, somit weniger wissen. Was ich nicht weiß, macht mich nicht heiß.

Den Überlebenswert dieser Strategie zeigen viele Kriminalfilme: Der Mann mußte sterben, er wußte zuviel! Zudem wirken auf den Schizothymen wohl zu viele Inhalte bedrohlich, da er dazu neigt, überall Beziehungen zu suchen. Somit kann man hier von einer Vermeidungsreaktion sprechen. Damit berühren wir eine Typologie amerikanischer Wahrnehmungspsychologen, die die Menschen in Vermeider und Zuwender einteilen.

In Tachistoskopversuchen treten Vpn. auf, die bedrohliche Wörter schwerer wahrnehmen, (Abwehrer) und solche, die sie schneller wahrnehmen, als neutrale Reize (Sensibilisierer). Vermeider versuchen Bedrohungen durch Abwehr, Rückzug, Autismus zu bewältigen, Sensibilisierer durch Angriff, beherztes Draufzugehen. Diese stürzen sich gern in kompliziertere Situationen, um die die Abwehrer einen weiten Bogen machen.

Die Weite des Wahrnehmungsfeldes hat auch die Unterscheidung zwischen Focusing (Zentrierung der Aufmerksamkeit auf die Hauptsache) und Scanning im Auge. „Scanners" tasten das Reizfeld intensiv ab. (Schlesinger 1954, Gardner et al. 1959). Holzman und Klein (1951, 1956) und Holzman (1974) unterscheiden zwischen Einebnern und Profilierern (Leveler und Sharpener). Jene gleichen neue Reize den Bekannten an, wodurch die Unterschiede eingeebnet werden. Man ist an den Papst Johannes XXIII. erinnert, der auf die Unterschiede zwischen den Katholiken und den Nichtkatholiken angesprochen erwiderte, er sähe in erster Linie die Gemeinsamkeiten. Das Einebnen entspricht eher dem zyklothymen Verarbeiten des Neuen. Die Profilierer akzentuieren Einzelheiten und Besonderheiten überdeutlich.

Diese verschiedenen Wahrnehmungsstrategien lassen sich bis in die Gespräche, in die Denkweisen, selbst in die Art der bevorzugten Witze verfolgen. Abwehrer und Schizothyme lieben Nonsens-Witze (Ullmann u. Lin 1962, Koch 1955), Sensibilisierer und Zyklothyme eher practical jokes.

Sowohl von deutschen wie von amerikanischen Forschern wurde die Feldabhängigkeit als eine wichtige Kategorie des Wahrnehmungsstils herausgestellt. Die feldabhängige Wahrnehmungsweise wird vom Umfeld, dem Grund, dem Kontext beeinflußt, während sich die feldunabhängige auf die Figur als die Hauptsache konzentriert und sich dabei nicht ablenken läßt.

Iwan A. Gontscharow — Oblomow

In der Gorochowaja, in einem jener großen Häuser, deren Bewohner für eine ganze Kreisstadt langen würden, lag eines Morgens Ilja Iljitsch Oblomow im Kabinett seiner Wohnung im Bett.

Er war ein mittelgroßer Mann von zweiunddreißig, dreiunddreißig Jahren, hatte ein angenehmes Äußeres und dunkelgraue Augen, doch fehlte seinen Gesichtszügen jeglicher bestimmte Ausdruck und jegliche innere Spannung. –

Manchmal verdüsterte sich sein Blick durch Müdigkeit oder Langeweile; doch vermochten weder Müdigkeit noch Langeweile auch nur einen Augenblick lang jene Weichheit aus dem Gesicht zu vertreiben, die der beherrschende und eigentliche Ausdruck nicht nur des Gesichts, sondern seiner ganzen Seele war; und diese Seele spiegelte sich offen und klar in den Augen, in seinem Lächeln, in jeder Bewegung des Kopfes und der Hände wider. –

Die Gesichtsfarbe Ilja Iljitschs war weder rosig noch bräunlich noch ausgesprochen blaß, sondern einfach neutral oder erschien wenigstens so; vielleicht deshalb, weil Oblomow schon ziemlich aufgedunsen war. – Überhaupt machte sein Körper, der matten, allzu weißen Farbe des Halses, den kleinen, rundlichen Händen und den schlaffen Schultern nach zu schließen, einen zu verweichlichten Eindruck für einen Mann.

Seine Bewegungen, selbst wenn er erregt war, blieben weich und entbehrten nicht einer gewissen graziösen Trägheit. Wenn sich eine Sorgenwolke, aus der Seele aufsteigend, auf sein Gesicht legte, wurde sein Blick trübe, auf der Stirn zeigten sich Falten, und sein Mienenspiel drückte Zweifel, Kummer und Angst aus; aber nur selten nahm diese Erregung bestimmte gedankliche Formen an, noch seltener verwandelte sie sich in einen Entschluß. Im allgemeinen löste sich die ganze Erregung in einen Seufzer auf und erstarb in Apathie oder in Schläfrigkeit.

Wie doch der Hausanzug Oblomows zu den ruhigen Zügen seines Gesichts und dem verweichlichten Körper paßte. – Der persische Schlafrock besaß in Oblomows Augen eine Fülle unschätzbarer Vorzüge: er war weich und schmiegsam; der Körper spürte ihn fast nicht; er paßte sich, wie ein gehorsamer Sklave, den geringsten Bewegungen des Körpers an. –

Das Herumliegen war für Ilja Iljitsch weder eine Notwendigkeit, wie für einen Kranken oder für einen Menschen, der schlafen möchte, noch eine Zufälligkeit, wie für einen Müden, noch ein Genuß, wie für einen Faulpelz: es war sein normaler Zustand. Wenn er zu Hause war (und er war fast immer zuhause), lag er stets im Bett und stets in dem gleichen Zimmer, wo wir ihn vorfanden, das ihm gleichzeitig als Schlafgemach, Kabinett und Salon diente.

(Oblomow, 1859)

Der erste Teil des Romans nimmt eine psychologische Methode vorweg, die Tageslaufanalyse. Anhand der genauen Beschreibung auch der Mikroeinheiten des Verhaltens versucht Barker das Psychogramm eines Jungen im amerikanischen Mittelwesten 1939 zu erstellen. Gontscharow beschreibt auf 200 Seiten den Versuch seines Helden, am Samstag, dem 1. Mai 1843, aus dem Bett zu steigen. In der Literatur unseres Jahrhunderts stammt die bekannteste minutiöse Schilderung eines Tagesablaufes von James Joyce, der im Ulysses seinem Helden Bloom einen Tag durch Dublin folgt.

Die Apathie, die Antriebslosigkeit des Herrn Oblomov erinnert den Psychologen an den gehemmten Menschen der Neopsychoanalyse, vielleicht aber auch an Bilder, die er aus der Depression kennt, auch bei Stirnhirnverletzten in ähnlicher Form findet. Literaturhistoriker erklären die Tatenlosigkeit des Helden mit den politischen Umständen des zaristischen Russlands. „Oblomov ist . . . derjenige überflüssige Mensch, der einen klassisch gewordenen liebenswerten Faulpelz in der Literatur verkörpert und damit am sinnfälligsten die Verfallsprozesse des russischen Landadels symbolisiert.“ (H. Grasshoff, 1974)

Der apathische Oblomov hat im übrigen die ganze Sympathie seines Autors, der ihn als typischen Russen dem aktiven, allzu geschickten Deutschen Andrej Stolz entgegenstellt.

Die deutsche Psychologie kennt die Gegenüberstellung von Analytikern (Einzelheitlichen) und Synthetikern (Gefühlsganzheitlichen). (F. Krueger, F. Sander) E.R. Jaensch differenziert nach der Integration, den am stärksten Integrierten nennt er den Verschmelzungstyp. In den USA hat Witkin (1949) die Feldabhängigkeit experimentell untersucht. Er benutzt dazu vor allem ein Gerät, bei dem die Vp. auf einem Stuhl von verschiedenen Richtungen gekippt werden kann, zugleich wird der umgebende Raum gekippt. Festgestellt wird, ob die Vp. von diesen Feldveränderungen bei der Angabe der Richtung eines Stabes abstrahieren kann.

Thomae (1968; 40f.) sieht in diesen Arbeiten „eine Renaissance der Typologie auf dem amerikanischen Kontinent“. Es ist anzufügen, daß nicht nur die Betrachtungsweise, sondern auch die Inhalte den deutschen Ansätzen weitgehend gleichen.

Witkin findet bei den Feldabhängigen nicht nur schlechtere Leistungen in diesem Stab-Rahmen-Test und bei der Herauslösung von eingebetteten Figuren (Gottschaldt) (ähnliche Aufgaben finden sich in den Suchrätseln der Illustrierten), sondern auch ein ungenaues Bild des eigenen Körpers. Während die Feldunabhängigen ihren Körper als abgegrenzt erleben und seine Regionen ebenfalls als differenziert und abgehoben. (Zur Körperauffassung Homers vgl. Snell 1955)

Nach Kant gehört die Zeit zu den kognitiven Kategorien, von Baer suchte bei Tieren nach der kleinsten unterscheidbaren Zeitstrecke (dem Nu). Diese ist offenbar bei den Schnecken größer als bei den Kampffischen. Schneckenhafte Bewegungen kommen also den Schnecken nicht als langsam, blitzschnelles Vorstoßen den Kampffischen nicht als besonders schnell vor. Menschliche Kulturen sind in der Zeitauffassung ebenfalls verschieden, offenbar auch einzelne Menschen. Wir sprechen dann von einer langen Leitung oder auch davon, daß der Groschen pfennigweise hinunterfällt. Im Umkreis der Epilepsie gibt es das Persönlichkeitsmerkmal der Hypersozialität. Während Gesunde von einem Partner nach kürzerer Zeit ablassen, weil sie anderes interessiert, kleben Epileptoide oft distanzlos wie eine Klette an ihrem Opfer. In Kretschmers Typologie ist der Athletiker der langsame bedächtige Mensch, der zur Perseveration neigt. Nach Külpe, dem Denkpsychologen, gibt es „zwei Menschenarten, von denen die eine durch fließenden, leichten Erlebnisverlauf und rasches Abschweifen von einem Inhalt zum anderen, die andere durch zähen Erlebnisablauf mit langem Nachwirken der Einzelerlebnisse charakterisiert ist.“ (Rohracher 1975; 59f.) Diese Verhaltensweise nennt man Perseveration. Darunter versteht man die Tatsache, „daß eine Vorstellung von selbst immer wieder ins Bewußtsein tritt“. Assoziation hingegen nennt man das sich wechselseitige Verbinden von Erlebnissen, die sich dann gegenseitig ins Bewußtsein rufen. Mittenecker (1953) stellt das Stilmerkmal der Perseveration durch Auszählen von Texten (mindestens 500 Wörter) fest, wobei die Wiederholung und der Abstand zwischen den Wiederholungen festgehalten wird.

Perseveration gehört auch zum Arbeitsstil vieler Beamter, ist also wohl teilweise rollenabhängig. Alte Beamtenregel: 1. das haben wir schon immer so gemacht. 2. da könnte ja jeder kommen.

Die perseverative Erledigung von Aufgaben ist dann wohl auch ein archaisches Verhaltensmerkmal. Es tritt bei niederen Tieren häufiger auf. Höhere Tiere und intelligente Menschen verfallen auf perseverative Lösung vor allem unter Stress und bei Gedankenlosigkeit bei mechanischem Lösen einer Aufgabe ohne größere Investition von Nachdenken. (Luchins u. Luchins 1959)

Den negativen Aspekt perseverativen Verhaltens betonen Adorno und seine Mitarbeiter (1950). Sie sehen die mangelnde Umstellungsfähigkeit als neurotisches Symptom an und die Rigidität als Kennzeichen des autoritären Charakters.

Auch bei einer anderen Psychose sind die kognitiven Strukturen der Zeitauffassung nachhaltig gestört. Beim manisch-depressiven Menschen ändert sich die Zeitauffassung in den einzelnen Phasen (Binswanger 1960). Die Manie kennt das Erlebnis der reißenden Zeit, in der depressiven Phase stagniert der Zeitfluß wie das Wasser in einem bleiernen Tümpel.

Den Übergang von der Konstitutionsforschung zu den kognitiven Theorien markiert die Dissertation des Verf. (Koch 1954, 1955) Sie zeigt, daß den Kretschmerschen Typen eigentümliche Weltbilder zuzuordnen sind, die sich augenfällig im Welt-Test ausdrücken. Schizothyme gliedern ihre Welten gern diagonal, eine Ecke der Welt wird als Reservat gegen eine bedrohliche Umwelt abgeschirmt. Auch in der modernen Kunst, die nach der Ansicht von Walter Winkler (1951) deutliche schizothyme Merkmale zeigt, ist diese diagonale Gliederungsform in einigen Schlüsselwerken zu finden. Zyklothyme hingegen neigen zu einem ausgewogenen, offenen und auch zyklischen Weltaufbau in dem die Dinge ihren lockeren Abstand zwanglos wahren.

2.2.3 Umfassendere Ansätze

Einer der wesentlichen Anstöße für eine globale kognitive Betrachtung waren die Untersuchungen Piagets zum Weltbild des Kindes. Er konnte mit seinen Mitarbeitern zeigen, daß das Kind einer anderen Form der Logik, der Zeitauffassung, der Kausalität, der Zahlauffassung, der Phantasie, kurz ein umfassendes in sich geschlossenes, funktionsfähiges, aber vom Erwachsenen verschiedenes Weltbild besitzt. Dieser Ansatz geht zwar von der Wahrnehmung aus, bezieht dann aber Denk- und Lernstrukturen und auch motivationale Hintergründe in die Betrachtung ein. Von der Entwicklungspsychologie auch anderer Schulen kamen ebenfalls entscheidende Einflüsse für die kognitive Wende. Die deutschen Forscher untersuchten die magische Welt des Kindes (Kroh, Hansen). Heinz Werner sah archaische Weltentwürfe nicht nur bei Kindern, sondern auch bei Naturvölkern und Geisteskranken. Kinder sind

Abbildung 9: Lukas Furtenagel, Totenbildnis Martin Luthers, Augsburg 1556

Die fundamentale Einteilung von Menschen ist nicht die nach Geschlecht, Alter oder Introversion, es ist die Einteilung nach tot und lebendig. Die Persönlichkeitspsychologie klammert dieses Problem aus, sie handelt nur vom Lebendigen. Allenfalls die zeitlichen Ränder der Biographie werden zögernd erfaßt: die beginnende Individualität wird schon in einem pränatalen Stadium anders. Dies ist eine Erkenntnis, die sich bei Beginn des Jahrhunderts langsam durchsetzte. Daraus folgte, daß die Erziehung nur durch die Vermittlung der Augen des Kindes wirken konnte. Nicht die objektive Erziehung wirkt, sondern die aufgefaßte. Und Kinder werden mehr durch den Metakontext beeinflußt, durch das Klima der Erziehung als durch einzelne Akte (etwa die plötzliche Ohrfeige) (Ausubel 1958).

Auch amerikanische Forscher verkündeten den New Look in der Wahrnehmungspsychologie, die den Wahrnehmenden als aktiven Hersteller des Wahrnehmungsbildes und nicht als passiven Empfänger sieht (Bruner 1956). Kelly (1955) überträgt diesen Gedanken in die Persönlichkeitspsychologie. Der gewöhnliche Mensch wird als ein Wissenschaftler gesehen, der seine Hypothesen testet. Diese alltäglichen, vorläufigen Hilfsmittel der Weltauslegung nennt Kelly Konstrukte. Menschen unterscheiden sich also vornehmlich durch die Verschiedenheit ihrer Konstrukte. „Personen unterscheiden sich durch ihre verschiedene Anitizipation und Konstruktion von Begebenheiten". Jeder Mensch hat ein bestimmtes Repertoire von Konstruktionen für die soziale Umwelt, die Kelly mit seinem Rep-Test zu erfassen sucht. In ihm sind 15 Positionen aufgelistet, die in der sozialen Umwelt vorkommen. Zunächst das Selbst, die engere Familie, ein akzeptierter (und ein nicht akzeptierter) Lehrer, ein Chef (jemand, unter dem man unter Streß gearbeitet hat), der

---

gesucht, eine Erfassung des Todeserlebens versucht die Thanatopsychologie. Doch die tiefer liegenden Fragen überläßt man der Religion (oder der Anthroposophie).

Der Augenblick des Todes als eines Übergangs ist in zweifacher Hinsicht interessant. Einmal glaubt man, die Sterbenden könnten vielleicht schon einen verstohlenen Blick ins Jenseits werfen. Deshalb sammelt man die letzten Worte Sterbender. Zum anderen aber ist die Sterbestunde die letzte Gelegenheit, die körperliche Individualität unversehrt zu erfassen.

Die erste Totenmaske stammt aus dem alten Ägypten. Sie wurde dem Pharao Teti abgenommen, dem Begründer der 6. Dynastie. Während die griechischen Grabdenkmäler retrospektiv an das irdische Leben des Verstorbenen erinnern, zielen die Darstellungen des alten Orients auf das Fortleben im Jenseits. Im frühen Mittelalter war die leibliche Individualität des Verblichenen uninteressant „Galt das Grabbild bislang stets der Überwindung des Todes, so findet sich mit Beginn des 14. Jahrhunderts – . . . zuweilen auch die Darstellung des entseelt zurückgelassenen Körpers." (P. Bloch 1980; 114)

Hausarzt, eine abweisende, eine bemitleidete Person, der glücklichste Mensch den man kennt, eine ethische Person und der intelligenteste Mensch, den man kennt.

Die Bedeutung jeder dieser Positionen sucht Kelly zu erhellen, indem er die Vpn. die als ähnlich angesehenen Personen vergleichen und mit einer unähnlichen kontrastieren läßt. Zu einem Konstrukt kommt man nämlich auf komparativem Weg. „Zu dem Konstrukt Höflichkeit gelangt man nur, wenn man von zwei Personen feststellen kann, daß sie höflich sind. Daß sie wirklich höflich sind, erkennt man allerdings erst an einer dritten Person, die sich gegensätzlich, nämlich unhöflich verhält" (Angleitner 1980; 124).

Noch ein weiteres Merkmal läßt sich bei den umfassenderen Ansätzen feststellen, die Besinnung auf das Schichtenmodell vor allem in seiner Freudschen Ausprägung als Konfliktmodell. Weltbild und Verhalten entspringen nicht aus einer festen kognitiven Struktur, sondern aus dem Zusammenwirken zweier verschieden funktionierender Systeme. Bei deren Kennzeichnung fließen homöostatische Überlegungen aus der Sozialpsychologie ein. Schon die Wahrnehmung ist ein komplizierter Vorgang mit Vorgestalten, aus deren Umkippen in einer Phase der Verwirrung die verfestigten Konstrukte hervorgehen.

Rogers (1975) betont nun bei dieser Auseinandersetzung mit der Welt die entscheidende Rolle des Selbst. Neben dem an sich schon komplizierten kognitiven System, das weitgehend nach dem Realitätsprinzip arbeitet, besitzen wir ein autonomes abgeschottetes System, das unser Selbstkonzept erarbeitet und das Selbstwertgefühl in Ordnung hält. Durch einfache Wahrnehmungen sind Überzeugungen, die das Selbst tangieren, nicht zu widerlegen. Das hatte schon Nietzsche gesehen. Der Mensch bedient sich durchaus trickreicher Mechanismen, um den Ergebnissen der Wahrnehmung zu entrinnen. Angst ist nach Rogers die Folge von Diskrepanzen zwischen Erfahrungen und dem Selbstkonzept. Vor allem hinsichtlich der Organisation des Selbsts unterscheiden sich nach Rogers die Menschen und danach, wie sie mit der „ursprünglichen Entfremdung", dem Auseinanderklaffen zwischen Realität und Selbstkonzept zurechtkommen. Das Selbst braucht seine sozialen Streicheleinheiten. Lob wirkt mehr als Strafe und Tadel, gegen die sich der Mensch automatisch abschließt. Am schönsten ist der „unconditional positive regard", die rückhaltlose Zustimmung. Wenn man so will, ein recht kindliches Bedürfnis. Will ich bei den Menschen etwas erreichen, so muß ich die Welt durch die Augen ihres Selbst-Systems sehen lernen. Deswegen nennt Rogers seinen Ansatz „klient-zentriert". Der Psychologe soll dem Klienten das Gefühl vermitteln, seine Existenz voll zu akzeptieren und vermeiden, ihm klarzumachen, was für ihn das beste ist.

2.3 Persönlichkeit als gelebtes Leben Der biographische Ansatz

Diese Betrachtungsweise ist eine Reaktion auf die dispositionellen Theorien. Sie sieht das menschliche Leben als Prozeß, in seinem verschlungenen Lauf, dynamisch, das heißt, nicht als einfache Konsequenz eines einmal geprägten Charakters. Einmal waren gestaltpsychologische Überlegungen bestimmend, um die Einheit des Lebens, des gesamten gelebten Lebens als Ausgangspunkt der Persönlichkeit ins Visier zu bekommen und nicht nur einzelne Ausschnitte, prägende Phasen, Dispositionen oder kurze Verhaltensabschnitte zu untersuchen. Robert Heiß faßt dieses Leben als „Verlaufsgestalt" auf. Noch wichtiger sind aber wohl die geisteswissenschaftlichen Einflüsse. Wenn Dilthey meinte, daß nur die Geschichte zeige, was der Mensch sei, dann wies er auf die historische Forschung als Quelle der Psychologie hin. Da ist es eine logische Folgerung, auch bei der Persönlichkeitsforschung am historischen Verlauf, also an der Biographie, anzusetzen.

Diese Betrachtungsweise wurde durch einen wichtigen Gedanken der Historischen Schule beflügelt. Von Ranke stammt das berühmte Wort: Jede Epoche ist unmittelbar zu Gott. Auf die menschliche Biographie übertragen: Das ganze Leben gilt es deshalb zu erforschen! Allen Prägungstheorien oder solchen, die den Charakter aus Schlüsselepochen zu erklären suchen, gilt es zu mißtrauen. Jede Altersstufe ist unmittelbar zu Gott.

Eine einmalige Untersuchung reicht also nie aus, um die Persönlichkeit zu erfassen. Auch Überlegungen der Hermeneutik beeinflußten die Forschung. Eine Textstelle ist nicht interpretierbar, wenn man nicht eine Auffassung vom vollen Kunstwerk hat. Jeder Fragebogen, jeder Test, jedes Experiment erfaßt nur einen Moment des Ganzen. Die Methode der Wahl ist deshalb die Längsschnittforschung, die nach bestimmten Zeiträumen immer wiederholte Untersuchung. (Moss u. Kagan 1964, Kagan u. Moss 1962, Thomae 1968)

Doch geben Fragebogen und Tests, selbst wenn sie nach Jahren immer wiederholt werden, kaum ein richtiges Bild darüber, wie sich die individuellen Lebenswelten im Laufe der Zeit unterscheiden. Thomae (1968) stützt seine Ergebnisse in erster Linie auf über viele Jahre wiederholte Explorationen und Beobachtungen. Die große Schwierigkeit besteht nun darin, das umfangreiche Material in prägnante Kategorien zu fassen. In einem ersten Ansatz versucht dies Thomae (1951) mit 7 hauptsächlichen Merkmalen, „die teils aus der klinischen Kasuistik, teils aus der Handlungsanalyse" stammten. Die formalen Grundkategorien einer psychologischen Biographik sind danach: Antrieb, Anregbarkeit, Mitschwingung, Angepaßtheit, Steuerung, Differenzierung, Sicherheit.

Die Kategorie des Antriebes ist als erste die gewissermaßen grundlegende. Bei der Beobachtung von Kindern und Jugendlichen fiel auf, daß es offenbar solche mit, wenn man so will, stärker geladenen lebendigen Batterien gibt und solche, deren vitales Potential geringer ist. Diese frühe Kategorie erinnert noch an den dispositionellen Ansatz. In einer gewissen Polarität zum Antrieb stehen offenbar Steuerung und Angepaßtheit. Wir finden hier Reminiszenzen aus der Schichtentheorie: die Rosse des Antriebs und die Steuerung des Lenkers. Bei der Anregbarkeit und der Mitschwingung handelt es sich offenbar um Kategorien, die uns in ähnlicher Form bei der Erörterung der Extraversion begegnet sind. Man sieht aber zugleich den neuen Ansatz der biographischen Betrachtungsweise. Die menschlichen Verhaltensweisen werden nicht mehr auf Dispositionen, Schichten, Anlagen zurückgeführt, sondern aus der Biographik abgelesen. Wenn sie sich genügend ausprägen im Laufe der Zeit, spricht Thomae (1968) von einer Chronifizierung. Das Schicksal selbst und die menschliche Auffassung der Zeitläufe und Erlebnisse formt den menschlichen Charakter. Dieser bildet sich, wie Goethe wußte, im Lauf der Zeit.

Wohl zur leichteren Handhabung, auch wohl um Anklänge an dispositionelles Denken zu tilgen, hat Thomae (1968; 130) diese Kategorien etwas verändert und polar angeordnet, so daß jetzt folgendes System entstand:

I. Ruhe Aktivität
II. Gleichförmigkeit Wechsel
III. Niedriges Engagement hohes Engagement
IV. Verschlossenheit Offenheit gegenüber der Situation
V. Störung Ausgeglichenheit
VI. Abhängigkeit Unabhängigkeit
VII. Geringe Stabilität hohe Stabilität
VIII. Geringe Thematisierung hohe Thematisierung

Diese Kategorien hätten auch den Vorteil, daß sie besser in der Lage seien, die sprachlichen Mitteilungen der Menschen zu kodieren. Mit dieser Annäherung an die sprachliche Weltdeutung wird die Methode notwendigerweise komplizierter. Auch sind die Bezeichnungen kaum ohne genauere Schulung der Beobachter anwendbar. Damit wird eine Überprüfung durch fremde Forscher ähnlich problematisch wie bei den diffizileren Angaben Kretschmers.

Besonders gut ist Thomae eine Typologie des menschlichen Verhaltens in einer speziellen Situation gelungen, in der Entscheidung. Nach der dezisionistischen Lehre des Existentialismus zeigt sich das Wesen der Menschen kaum im Alltag, in dem sie wie in einem Gehäuse leben, sondern wie bei weiland Herkules am Scheidewege. Thomae konnte nun demonstrieren, daß Menschen im allgemeinen tieferen, wichtigen Entscheidungen gern aus dem Wege gehen. Oberflächliche Pseudo-Entscheidungen (Ambitendenzen), etwa welche Autofarbe gewählt werden soll, wo die Sommerferien verlebt werden sollen, werden eher lustvoll erlebt und gern und schnell vollzogen. Meist sind in einer Biographie nur wenige Entscheidungen festzustellen. Thomae analysiert verschiedene Typen, etwa die wagende und auch die wägende Entscheidung.

Gut anwendbar ist Thomaes Differenzierung der Daseinstechniken. Wenn etwas erreicht werden soll, so benutzen verschiedene Menschen offensichtlich verschiedene Strategien. An die erste Stelle setzt Thomae abendländischen Idealen folgend die leistungsbezogenen Techniken. Will jemand einen Beruf ergreifen, so versucht er ein Examen zu bestehen, auf das er sich durch angestrengtes Lernen vorbereitet. Zieht sich diese Technik durch eine Biographie, so erfahre ich etwas über diesen Menschen, was ebenso interessant ist wie etwa seine Extraversion. Nun besteht mancher sein Examen, wie man hört, auch dadurch, daß er besondere Freundlichkeit gegenüber dem Prüfer zeigt, oder gar den Job ohne Examen bekommt, weil er sich anderen sympathisch gemacht hat. Dies sind die Daseinstechniken der Anpassung. Defensive Techniken greifen kaum nach höheren Zielen, sondern versuchen das Bestehende zu erhalten. Evasive Techniken sind uns durch die jungen Leute bekannt geworden, die die Hippie-Road über den Khyber-Paß eingeschlagen haben. Die Examensnote kommt nur wenigen noch in den Sinn, wenn sie pflügende Wasserbüffel im Punjab oder den goldenen Tempel in Amritsar sehen. Aber auch daheim kann eine fiktive Welt in Film und Roman aufgesucht werden, die über die lästige Beschäftigung mit dem Examensstoff der Psychologie hinweghilft.

Schließlich kennt Thomae noch aggresssive Daseinstechniken. Statt für ein Examen zu büffeln, kann man versuchen einzelne Prüfer einzuschüchtern, oder das Prüfungssystem als Ungerechtigkeit durch eine Demonstration infrage zu stellen oder gar jegliche staatliche Verwaltungstätigkeit als strukturelle Gewalt verdammen, gegen die eine gewalttätige Gegenwehr selbstverständliches Menschenrecht ist.

Denn schließlich gehört auch der Drogengenuß zu den altehrwürdigen evasiven Techniken. Im Abendland steht dabei die christliche Sakraldroge des Alkohols im Vordergrund (nach mehreren Gläsern Wein verblaßt der Ärger mit dem Psychologie-Examen), die exotischen Drogen werden ihr gegenüber stärker dramatisiert.

2.4 Persönlichkeit als Lernergebnis

Seife und Erziehung wirken nicht so schnell wie ein Massaker, aber auf die Dauer sind sie tödlicher.

Mark Twain

Lernen ist ein alltäglicher und zugleich lebenswichtiger Vorgang. Insofern scheint es nicht sinnlos zu sein, von den Lernleistungen bei der Persönlichkeitspsychologie auszugehen. Auch die populäre (implizite) Beurteilung hebt darauf ab, daß jemand intelligent, fleißig oder dumm und faul ist. Was wir unter der Überschrift „Lernen“ zusammenfassen, sind offensichtlich eine Gruppe verschiede-

Abbildung 10: Andrea Palladio, Villa Rotonda, Vicenza um 1550

Säulen zu Ehren der Persönlichkeit. Auffällig an dieser Villa ist der Portikus mit seinen sechs Säulen. Ein derartiger Schmuck wurde vor Palladio für Kirchen verwendet. „Er war der erste, der die Tempelfront regelmäßig mit einer Hauswand verband, und durch seinen Einfluß verbreitete sich der Typ in alle Welt." (Wittkower) Palladio erklärt diese überraschende Verwendung sakraler Schmuckformen. „Ich habe den Tempelgiebel bei allen Villen und auch einigen Stadthäusern verwendet . . . weil solche Giebel den Eingang des Gebäudes betonen und viel zur Vornehmheit des Werkes beitragen, da so die Front weit über das übrige herausgehoben ist." Palladio glaubte fälschlich, daß er damit die Front des antiken Wohnhauses rekonstruiere.

Hinter seiner Verwendung dieser Bauformen stand ein neues Bild der menschlichen Persönlichkeit. Die Villa sollte als der Ort architektonisch geadelt werden, in dem der Gelehrte, der Künstler seine Individualität ausprägen kann. „. . . für Palladio ist die Villa eben der Bereich des Weisen, der dort seine persönliche Existenz von der Ökonomie bis zum Studium antiker Texte durchgestaltet. Und deshalb projeziert er das architektonische Vokabular der alten Virtus auf die Villa: Freitreppe, Portikus, Tempelfront, Kuppel". (B. Rupprecht, 1981; 17) ner Verhaltensformen. Lorenz (1978; 205ff.) unterscheidet eine ganze Reihe von Lernweisen: „Die Verbesserung der Funktion durch Funktionieren, die Bahnung, vergleichbar dem Einfahren eines Automotors" (Ein Slalomläufer wird vor der Konkurrenz ein paar Schwünge üben). Die Sensitivierung: Wer Pilze oder Blaubeeren sucht, übersieht zunächst seine Sammelobjekte, nach kurzer Zeit schärft sich das Auge. Dann die Gewöhnung: Wer an einem Bahndamm wohnt, hört die Züge nicht mehr, wacht möglicherweise sogar auf, wenn ein Zug ausfällt. Schließlich die Prägung, die Lorenz uns zuerst an ausgeschlüpften Graugänsen nachwies.

Von den vielen Lernformen haben nun die Behavioristen eine besondere Art ausgesucht, das operante Konditionieren, die durch Belohnung (Reinforcement, Bekräftigung) andressierte Verhaltenswahl. Auf diese Lernform wollen sie die gesamte Psychologie, auch die Persönlichkeitsforschung aufbauen. Der Grundvorgang, die Verknüpfung zweier Vorstellungen, die ursprünglich nichts miteinander zu tun haben, hat Aristoteles untersucht. Er fand die Assoziationsgesetze (zeitliche, räumliche Nähe), John Locke sprach von association of ideas.

„Seitdem Wilhelm Wundt die Vorgänge der Assoziation erforscht hatte, stand diese Art von Vorgängen im Mittelpunkt aller sich mit Lernen beschäftigenden Forschung. Die bedingte Reaktion (I.P. Pawlow) . . . ist nichts anderes, als die objektiv-physiologische Seite desselben Vorgangs. Die conditioned response wurde mit Recht zum Inbegriff aller Lernvorgänge" (Lorenz 1978; 211).

In der Tat ist der Mensch ein begeisterter Verknüpfer, der auch dort Beziehungen sieht, wo keine sind. Lorenz spricht von der „Hoffnungslosigkeit jeglichen Versuchs, das Lernen mit einer einzigen Theorie zu erfassen". Die Behavioristen glauben aber, mit ihrer Theorie den Stein der Weisen gefunden zu haben. Watson (1930; 134) rühmte sich, imstande zu sein, durch die Lerngesetze die Persönlichkeitsentwicklung des Heranwachsenden völlig zu bestimmen: „Geben Sie mir ein Dutzend gesunder Kinder, und meine eigene besondere Welt, in der ich sie erziehe. Ich garantiere Ihnen, daß ich blindlings eines davon auswähle und es zum Vertreter irgendeines Berufes erziehe, sei es Arzt, Richter, Künstler, Kaufmann, oder auch Bettler, Dieb, ohne Rücksicht auf seine Talente, Neigungen, Fähigkeiten, Anlagen, Rasse oder Vorfahren."

Watson bringt auch empirische Beispiele für seine Theorien.

„Die Arbeit von Watson und Rayner (1920) geht von der Hypothese aus, daß die beim Kleinstkind sehr geringe Anzahl angeborener Reiz-Reaktions-Verbindungen auf emotionalem Gebiet (3 Emotionen Furcht, Zorn, Liebe, die jeweils nur von einigen wenigen Reizen ausgelöst werden) im Lauf der Entwicklung durch Lernvorgänge auf der Basis bedingter Reflexe erweitert wird." Beispiel: das Experiment mit dem kleinen Albert (11 Monate alt). Er war unter den Kindern des Heims durch besondere emotionale Stabilität aufgefallen. „Bei den Routine-Testungen, in denen festgehalten wurde, welche der dargebotenen Gegenstände oder Tiere (Masken, Wolle, weiße Ratten, Kaninchen usw.) bei einem Kind Angst hervorriefen, zeigt er niemals Zeichen des Erschreckens. Die einzige Ausnahme bildete, wie im 9. Lebensmonat zum ersten Male erprobt wurde, die Reaktion auf ein plötzliches lautes Geräusch. Wurde hinter seinem Rücken ein Gong geschlagen, so ließ Albert deutliche Angst erkennen: er fuhr zusammen, verzog das Gesicht und begann schließlich heftig zu weinen." (Blöschl 1974; 21ff.) Nun sollte Albert die Angst vor einer weißen Ratte lernen. „Am ersten Versuchstag wurde die weiße Ratte aus dem Käfig genommen und Albert hingehalten. Eben als er sie mit der ausgestreckten Hand berührte, ertönte hinter ihm der Gong. Albert fuhr erschrokken zusammen und fiel nach vorn. Er versuchte, sein Gesicht in den Kissen zu verstecken, schrie jedoch nicht. Nach Wiederholung derselben Prozedur begann er zu weinen."

„Eine Woche später wurden Ratte und Gong mit denselben emotionalen Effekten fünfmal gemeinsam dargeboten. Anschließend präsentierte der Versuchsleiter Albert die Ratte allein. Der Junge begann sofort zu weinen, als er das Tier erblickte, und ergriff, so rasch er konnte, die Flucht.

Im Verlauf von zwei Sitzungen und insgesamt sieben gemeinsamen Darbietungen war es also möglich gewesen, eine Angstreaktion zu konditionieren, d.h. einen früher neutralen Reiz durch Kopplung mit einem angstauslösenden selbst angstauslösend zu machen." (Blöschl 1974; 22f.)

Angst kann auch systematisch abdressiert werden, wie der Fall Peter von Mary C. Jones (1924) zeigen soll. „Peter, zu Beginn der Untersuchung zwei Jahre und zehn Monate alt, wird ebenso wie Albert als physisch und psychisch normales, im allgemeinen gut angepaßtes Kind geschildert. Eine Ausnahme stellte seine im Prüfungsdurchgang festgestellte (also nicht experimentell hervorgerufene) Angst vor Ratten, Kaninchen und anderen ‚pelzigen' Objekten, wie Fellen, Federn usw. dar."

„Die Behandlungsmethode bestand darin, daß, während Peter, in einem hohen Kinderstuhl sitzend, etwas zu essen bekam, was er gern mochte, die Versuchsleiterin das Kaninchen in einem Käfig in den Raum brachte. Sie näherte sich dem Kind mit dem Tier jeweils so weit es möglich war, ohne daß Peter die angenehme Eßsituation mit Zeichen der Angst unterbrach." „Der Abschlußbericht hält fest, daß das Kind das Kaninchen schließlich nicht nur nicht mehr fürchtete, sondern eine starke Zuneigung zu dem Tier erkennen ließ." (Blöschl 1974; 26, 27)

Skinner plazierte 1945 seine elf Monate alte Tochter Deborah Skinner in einen Kasten (Baby in the box). Dieser war klimatisiert und hatte zwei Fenster. Den Boden bildete eine Stoffrolle, die man bei Verschmutzung weiterrollen konnte. Das Kind brauchte keinerlei Bekleidung. Irgendwelche Verhaltensstörungen, die Psychoanalytiker auf zu enge Säuglingskleidung zurückführen, waren nicht zu erwarten. Die ganze Kindererziehung (und Persönlichkeitsformung) konnte sich darauf beschränken, den Thermostaten der klimatisierten Kiste zu betätigen. (Belohnung: Anheben der Temperatur; Bestrafung: ein Grad kälter.) Skinner glaubt, durch Reinforcement, durch konsequentes Anwenden seiner Belohnungsstrategien, die menschliche Gesellschaft verändern zu können.

Durch ausgeklügelte Belohnungsstrategien (unmittelbar nach dem zu bekräftigenden Verhalten, aber nicht allzu regelmäßig, um den Lorbeer-Effekt zu vermeiden), werden dem Menschen aufgrund seiner Verknüpfungsfähigkeit bestimmte Verhaltensformen eingeschliffen. Das, was andere Schulen Persönlichkeit nennen, ist nichts als ein Mosaik dieser Habits (Hull 1952). Wissenschaftlich erfaßbar sind nur Reize und Reaktionen; die naheliegende Erfahrung, daß Menschen auf gleiche Reize verschiedene Reaktionen zeigen, führt zu keiner wesentlichen Veränderung des geschlossenen Weltbildes. Das Verhalten ist nur interessant insofern es in Formeln vorausgesagt werden kann. Der Mensch ist determiniert. Die Innerlichkeit geht allenfalls als intervenierende Variable in diese Rechnungen ein. Sie ist tabuisiert, sie ist die dunkle Kiste (black box), über die wir nichts Verläßliches erfahren können. Kritiker der Lerntheorie meinen, deren Persönlichkeits-Theorie sehe im Menschen einen „Ping-pong-Ball mit Gedächtnis". (Bannister 1966; 21)

Kaum berücksichtigt wurden in der behavioristischen Theorie zwei höhere Formen des Lernens. Das Lernen durch Vorbild und das Lernen durch Einsicht. Lorenz meint, daß menschliches Lernen nur dann möglich sei, wenn der Heranwachsende einen anderen Menschen finde, dem er Liebe und Respekt entgegenbringen könne. Auch die Tierpsychologie zeigt, daß Lernvorgänge vorbildgebunden sind. Wenn sinnvolle Verhaltensweisen von rangniedrigeren Tieren angenommen werden, werden diese oft von den anderen erst dann kopiert, wenn ranghöhere Individuen sie vormachen. Bei der Einführung neuer Produkte (Modeartikel, Sportgeräte, Autos) und Verfahrensweisen (Geburtenbeschränkung, neue Düngearten), sind beim Menschen ähnliche Verhaltensweisen zu finden.

Das Lernen durch Einsicht wurde vor allem von den Gestaltpsychologen untersucht. Herrmann (1969; 387 ff.) orientiert seine Einteilung der Formen des Erlernens von Persönlichkeitsmerkmalen an der Kybernetik. Er unterscheidet das Erlernen von Anlässen (Auslösern) vom Erlernen von Soll-Lagen und der Verhaltensselektion. „Der Mensch lernt schnell, seine Emotionen auf bestimmte Ziele, Anlässe, Auslöser zu beziehen." Wut über Polizisten oder Professoren, Appetit auf saure Gurken, einen Hang zum Küchenpersonal nennt Herrmann emotional-kognitive Bewertungsreaktionen. Den ängstlichen Menschen könne man also dadurch beschreiben, daß er in relativ vielen unterschiedlichen Situationen Angst erlebe. „Man kann also das große Ausmaß seiner Ängstlichkeit damit erklären, er habe viele unterschiedliche neue Angstanlässe erlernt, vielerlei zuvor neutrale Außenwelt-Reize seien bei ihm zu bedingten Auslösern für die Bewertung Furcht/Angst geworden". „Entsprechend ist die starke Aggressivität unter anderem dadurch zu erklären, daß ein Individuum viele Anlässe für Wut und Ärger erlernt hat."

Das Erlernen von Soll-Lagen erläutert Herrmann an einem Beispiel. Es könnten sich zwei Menschen dadurch unterscheiden, daß eine bestimmte Reizkonstellation bei einem von ihnen Ärger auslöst, beim anderen nicht. „Sie können sich jedoch (auch) darin unterscheiden, daß dieser Ärger für den einen eine starke Regelabweichung darstellt ... Der andere hat hinsichtlich des Ärgers eine

Ich zweifelte keinen Augenblick, daß das Haus nicht leer war, schaute in ein zweites Fenster und fand mich zu meiner größten Überraschung beim Anstarren eines Gegenübers, nämlich eines jungen Herrn mit roten Augenlidern und hellem Haar.

Dieser junge Herr verschwand schnell und tauchte neben mir wieder auf. Er hatte an seinen Büchern gesessen, als ich ihn plötzlich anstarrte, und ich sah nun, daß er voll Tinte war.

Hallo, sagte er, junger Bursche – Wer hat Sie reingelassen? – Los, wir kämpfen! sagte der junge bleiche Herr. –

Doch Halt, noch eine Minute. Schließlich muß ich Ihnen noch einen Grund für den Kampf geben. Hier ist er. Er klatschte in ganz blöder Art seine Hände zusammen, schlug mit einem Bein gelenkig nach hinten aus, senkte den Kopf und stieß ihn mir in den Magen. –

Ich schlug zurück und wollte gerade ein zweites Mal zuschlagen, da sagte er: Aha, dazu sind sie fähig, und fing an vorwärts und rückwärts zu tanzen, wie ich dies bei meinen eher begrenzten Erfahrungen noch nicht erlebt hatte.

‚Spielregeln!' sagte er und hüpfte vom linken auf den rechten Fuß. Reguläre Regeln. Dabei hüpfte er vom rechten auf den linken Fuß. Kommen Sie auf den Kampfplatz und wir gehen die Kampfbedingungen durch. Hierbei sauste er rückwärts und vorwärts und machte allerlei Faxen, während ich ihn hilflos ansah. –

Ich folgte ihm ohne ein Wort zu einem versteckten Winkel des Gartens, der durch zwei Mauern gebildet wurde und durch einen Abfallhaufen abgeschirmt war. Nachdem er mich gefragt hatte, ob ich mit dem Kampfplatz einverstanden sei und ich ihm mit ja geantwortet hatte, bat er mich, ihn einen Augenblick zu entschuldigen und er kam sofort zurück mit einer Flasche Wasser und einem in Essig getränkten Schwamm. Zur Benützung für beide, sagte er, und stellte beides an die Wand. Dann zog er nicht nur Jacke und Weste aus, sondern auch das Hemd in einer Weise, die sowohl munter und geschäftsmäßig als auch blutdürstig wirkte.

Obwohl er nicht sehr gesund aussah, – er hatte schließlich Pickel im Gesicht und ein Geschwür am Mund – ängstigten mich doch die Vorbereitungen. –

Ich war nie in meinem Leben so verwundert wie in dem Augenblick, als er den ersten Schlag losließ und ihn sofort auf dem Rücken liegen sah mit einer blutigen Nase und mit seinem Gesicht in ungewohnter Perspektive.

Aber er war sofort wieder auf den Füßen und, nachdem er sich mit dem Schwamm behandelt hatte, begann er sogleich wieder anzugreifen. Meine zweite große Überraschung erlebte ich, als er umgehend wieder auf dem Rücken lag, diesmal mit einem blauen Auge. –

Er holte sich viele blaue Flecken, denn ich muß leider sagen, je öfter ich ihn traf, umso härter; aber er kam immer wieder hoch, bis er schließlich unglücklich mit dem Kopf gegen die Wand fiel. Auch nach dieser Krise unserer Begegnung kam er wieder hoch, aber er torkelte herum, drehte sich ein paarmal um die eigene Achse ohne zu wissen, wo ich war; schließlich rutschte er auf den Knien zum Schwamm und warf ihn in die Höhe; zugleich keuchte er: Das ist das Zeichen, daß Sie gewonnen haben.

(Great Expectations, 1861)

Den bleichen jungen Herrn könnte man wohl in den Kreis der introvertierten Persönlichkeiten stellen. Sein Verhalten ist exzentrisch, bis an die Grenze des Selbstzerstörerischen. Dabei hält er aber durchaus feste Regeln ein, an die er sich geradezu klammert: Kampfplatz, Wasser und Schwamm. Auch das Signal zur Aufgabe wird nicht etwa durch einfache mündliche Mitteilung gegeben, sondern regelhaft, umständlich und an die Konvention gebunden.

Dickens' Meisterschaft besteht darin, die Persönlichkeitszüge rein durch protokollarische Beschreibung einer kurzen Verhaltenssequenz hervortreten zu lassen. Durch die Einführung eines Beobachters, der in der Ich-Form berichtet (und dem wir unterstellen, daß er die Welt mit normalen, angepaßten Augen sieht), wird das abweichende Verhalten des bleichen Jungen deutlich gemacht. Der Erzähler bringt, wenn man so will, die viktorianische Moral und Vernunft ins Spiel, an der alles übrige menschliche Verhalten gemessen werden soll.

---

andere Soll-Lage, die Regelabweichung ist bei ihm so gering, daß er kaum reagiert." Das Erlernen von Soll-Lagen sei vor allem durch soziale Verhältnisse bestimmt, in denen der Lernende und seine Vorbilder lebten. Es handelt sich hier also vor allem um das Lernen am Vorbild.

Schließlich erlerne der Mensch noch eine bestimmte Verhaltensselektion. Von dem von Geburt an zur Verfügung stehenden Verhaltensrepertoire würden die mißerfolgträchtigen Verhaltenskomponenten allmählich unterdrückt, während die erfolgreichen aufblühen, ja wuchern. Skinner (1953) nennt das Entstehen neuer Verhaltensweisen „Shaping", da es an die Art erinnere, „wie ein Bildhauer seine Skulptur schafft." Bandura und Walters (1963) zeigen jedoch, daß zur Übernahme neuen Verhaltens der Nachahmende nicht selbst bekräftigt werden muß. Es genüge, daß er sehe, wie das nachzuahmende Verhalten beim Vorbild zum Erfolg führe (stellvertretende Bekräftigung). Unter diesen Umständen seien auch plötzliche Verhaltensänderungen zu erklären. (Herrmann 1969; 413) Die kognitiven Theorien dagegen würden plötzliche Verhaltensänderungen (Saulus zu Paulus, die plötzliche Wandlung des Alex Roscher) vor allem durch eine Umstrukturierung des gesamten Feldes erklären.

2.5 Persönlichkeit als Verwirklichung von Interessen

Wir werden alle vom Ehrgeiz getrieben, und die Besten bewegt das Ruhmesverlangen am stärksten. Cicero

Die ideale Erfassung einer Persönlichkeit auf der Ebene des Verhaltens müßte ein Film sein, der das gesamte Leben eines Menschen festhält. Mit dieser herkulischen Arbeit aber wäre psychologisch nicht allzu viel gewonnen, einmal weil dieses zu umfangreiche Material doch wieder irgendwie (nach welchen Gesichtspunkten?) kondensiert, reduziert werden müßte. Zum anderen aber geht es der Psychologie doch um die tieferen eigentlichen Wurzeln dieses oberflächlichen Verhaltens. Wir interessieren uns dafür, von welchen Grundsätzen die Handlungen geleitet werden. Die vorherrschenden Motive sagen uns oft mehr über den Handelnden als seine platten Verrichtungen.

Die hinter der Fassade des Handelns verdeckten Interessen wollten schon die Philosophen der höfischen Zeit entdecken. Die französischen Moralisten sehen hinter den schönen Worten und geschliffenen Manieren des Höflings Egoismus; auch die Sexualität wird als verborgenes, aber fast stets vorhandenes Interesse vermutet: Cherchez la femme!

Marx vertritt einen materialistischen Standpunkt. Die tieferen menschlichen Motivationen sind vor allem wirtschaftlicher Natur. Erst kommt das Fressen, dann kommt die Moral, formuliert Brecht diesen Standpunkt knapp und drastisch. Die marxistische Motivationslehre ist also sowohl monothematisch (es gibt eigentlich nur materialistische Bedürfnisse) als auch hierarchisch (diese Bedürfnisse stehen an erster Stelle; andere sind abgeleitet und weniger wichtig). Maslow (1954) orientiert seine Pyramide der menschlichen Bedürfnisse an diesen materialistischen Vorstellungen. Die Bedürfnisse seien hierarchisch angeordnet. Den Boden der Pyramide bildeten die physiologischen Bedürnisse. Diese müßten zunächst gedeckt werden. Ohne Sauerstoff ist alles Handeln sehr bald zu Ende, Hunger und Durst sind auch nicht allzu lange zu ertragen. Dann folgen die Sicherheitsbedürfnisse, erst wenn sie befriedigt sind, können Liebe und menschliche Wärme auftreten, die stets eine gewisse Geborgenheit zu ihrer Entfaltung brauchen. Darauf aufbauend entstehen die Bedürfnisse nach Anerkennung, schließlich die Bedürfnisse der Selbstverwirklichung und dann (als ein gewisser Luxus und bei verhältnismäßig wenigen Menschen) die Bedürfnisse des Wissens und Verstehens und als allerletzte die ästhetischen Bedürfnisse.

Nun haben diese monothematischen und hierarchischen Interessenlehren bald Kritik erfahren. Hebb (1958) betont die Anziehung, die das Wagnis, die Aufregungen auf viele Menschen ausüben. Berlyne (1960) untersucht das menschliche Neugierverhalten. Fraglich ist allenfalls, inwieweit homöostatische Bedürfnisse erst einmal befriedigt sein müssen, ehe es zu weiteren Ausgriffen in die Welt kommt. Diese Überschußtheorie vertritt auch das schöne deutsche Sprichwort: Wenn es dem Ochsen zu wohl wird, geht er aufs Eis.

Ästhetische Bedürfnisse treten allerdings bei einigen Menschen in extremen Lagen noch auf, in Strafhaft, selbst im Konzentrationslager, in psychiatrischen Anstalten; auch zu den frühesten menschlichen Schöpfungen, die uns aus der Steinzeit überkommen sind, gehören Kunstwerke erstaunlicher ästhetischer Qualität. Manche Menschen ertragen lieber Hunger, als von ihren Bedürfnissen der Selbstachtung abzurücken. Der Mensch lebt nicht von Brot allein! Offensichtlich sind also die eigentlichen tieferen menschlichen Motivationen persönlichkeitsspezifisch und auch kulturabhängig. Eine vergleichende Analyse der Zollbestimmungen könnte feststellen, was in den verschiedenen Ländern als unabdingbares Grundbedürfnis angesehen wird und deshalb dem Zoll nicht unterliegt. In Indien sind zwei Fahrradketten zollfrei. Hier scheint durch die toten Paragraphen die Weisheit von der Fehlbarkeit aller Technik hindurch, und wir erleben eine Verbeugung vor dem menschlichen Bedürfnis nach Sicherheit.

Eine bekannte polythematische Motivationstheorie stammt von Murray (1938), der durchaus sieht, daß es persönlichkeitsspezifische Motivationslagen gibt. So könne etwa ein Manager oder Gelehrter in seinem Ehrgeiz seine Gesundheit gefährden. Verbreitete Bedürfnisse sind nach Murray das Bedürfnis (need) nach Leistung (n achievement), das Bedürfnis nach Geselligkeit (n affiliation), das Bedürfnis nach Beistand, Zuwendung von seiten anderer (n succourance) und das Bedürfnis nach Hilfsbereitschaft (n nurturance).

Thomae (1968; 284) kritisiert mit Recht jede Lehre von unabänderlich feststehenden menschlichen Bedürfnissen. Er spricht statt dessen von verschiedenen Daseinsthemen. Dabei unterscheidet er u.a. eine regulative Thematik (Sorge um Sicherheit, Gesundheit, Angst vor dem Krieg), die menschliche Handlungen bei dem einen Menschen an erster Stelle leiten, dann eine Thematik der Daseinssteigerung (Reisen, Fortbildung), der sozialen Integration (Wunsch nach Anerkennung), auch eine kreative Thematik, die nach Selbstverwirklichung strebt.

Zwei Ansätze können uns helfen, Menschen nach ihren tieferen Interessen zu erfassen. Einmal der wissensoziologische Ansatz Max Schelers (1928). Er ist überzeugt, daß es „drei oberste Wissensziele", drei grundlegend verschiedene Wissensformen gebe, denen die Menschen nachstrebten. Das Herrschafts- oder Leistungswissen, das auf die praktische, die politische Beherrschung der Welt abzielt; das Bildungswissen, das die innere Entfaltung der Persönlichkeit erreichen will und schließlich das Erlösungs- oder Heilswissen mit dem Ziele, den Menschen an dem „obersten Sein und Grund aller Dinge", an der Gottheit teilhaben zu lassen.

Nun handeln Menschen jedoch selten aus einem einzigen Motiv heraus. Meist knüpfen sich ganze Motivbündel (Kretschmer 1922). So kann etwa ein ordentlicher junger Mann eine Witwe mit ihrer kleinen Tochter aus christlicher Barmherzigkeit heiraten. Witwen

Abbildung 11: J.B.S.Chardin, Die kleine Federballspielerin, Paris 1737
Im 18. Jahrhundert beginnt die uns selbstverständliche Überzeugung aufzuleuchten, daß Kinder eine eigene Welt, eine eigene Individualität und eigene Weltanschauung besitzen. Chardin hat eine Reihe von spielenden Kindern gemalt: Beim Seifenblasen, Aufstellen eines Kartenhauses, mit einem Kreisel. Einerseits spiegelt er die alte Auffassung wieder, die im Kind einen kleinen Erwachsenen sieht, so in den Kleidern, auf der anderen Seite läßt der abgewendete Blick schon die fremde Welt des Kindes ahnen.

Im 19. Jahrhundert setzt sich dann die Auffassung von der Kindheit als selbständigem geschlossenem Lebensabschnitt durch. (Ph. Aries 1975) In diesem Jahrhundert ändern sich auch Frisuren und Kleidung der Kinder. Der Unterschied zum Erwachsenen wird akzeptiert. Die Spielwarenproduktion nimmt sprunghaft zu. Viele Wohnungen bekamen Kinderzimmer.

und Waisen sind schließlich der besonderen Fürsorge des Christen empfohlen. Böse Psychologen vermuten in einem derartigen Fall auch sexuelle Bedürfnisse (angesichts des ansehnlichen und noch wohlgeformten Busens der nicht mehr ganz so jungen Braut), auch materialistische (da die Schöne ein stattliches Vermögen besitzt) und schließlich pure männliche Bequemlichkeit (von nun an gibt es täglich zwei warme Mahlzeiten). Schelsky (1977) entdeckt bei vielen Akademikern hinter ihren menschheitsbeglückenden sozialistischen Sprüchen (die sie möglicherweise selbst ehrlich glauben) eine ellenbogenstarke Vertretung der eigenen Interessen nach einer „Priesterherrschaft der Intellektuellen“ : „Die Arbeit tun die anderen!“

Eine differenzierte feinsinnige Motivationslehre finden wir in der geisteswissenschaftlichen Psychologie. Spranger (1920) sieht das intellektuelle Leben eingebettet in eine Welt der Werte. Die Menschen unterscheiden sich vor allem dadurch, welchem letzten Wert sie nachstreben. Spranger findet sechs derartige höchste Werte, die sich nicht aufeinander zurückführen lassen und beschreibt sie idealtypisch. Die entsprechenden Lebensformen sind:

1) Der theoretische Mensch ist den praktischen Aufgaben des Lebens gegenüber hilflos. Ihn interessiert das Prinzip ohne die Ausnahme. Seine Motivation ist maximenhaft (Gleichheitsfanatiker). Eine Distanz und Kühle zur Umwelt zeichnet ihn aus. „Verwandte zu haben, dünkt ihm eine sehr geringfügige und unbeachtliche Tatsache.“ Sein Gegentyp ist der Banause, der nicht nach Wissen und Erkenntnis strebt. Beispiel der rein theoretischen Haltung zur Kunst ist der Kommentar eines Mathematikers nach einer Sinfonie Beethovens: „Schön, aber was ist damit bewiesen?“ Dem Philosophen Hegel soll ein Kritiker vorgeworfen haben, daß seine Theorien mit der Wirklichkeit nicht übereinstimmten. Die knappe Antwort des theoretischen Menschen: „Um so schlimmer für die Wirklichkeit.“ Auch seine Gottesidee ordnet sich dem theoretischen Standpunkt unter. Gott ist für ihn das oberste Prinzip der Erkenntnis.

2) Der ökonomische Mensch sucht in allen Lebensbeziehungen zunächst den Nützlichkeitswert. Sein Prinzip ist das des geringsten Kraftaufwandes. Ihn interessiert, wie man praktisch etwas herstellt. Für den Theoretiker hat er nur Hohn übrig. Am Weltraum-

programm lobt er nicht die Erweiterung des menschlichen Horizontes, sondern die Erfindung einer neuartigen Beschichtung für Bratpfannen. An einem Gemälde Rembrandts macht ihm den größten Eindruck der Preis, der dafür bezahlt werden mußte. Die marxistische Theorie ist manchmal ein gutes Beispiel für rein ökonomische Interpretation. Ein modernes Exempel für einen ökonomischen Menschen: Der Politiker Hans Apel bevorzugt grobkarierte Krawatten – nicht aus ästhetischen Motiven – sondern weil man dann die Suppenflecke nicht sehe. Auch die Gottesidee ordnet der ökonomische Mensch seinem obersten Wertprinzip unter. Gott ist für ihn Mammon, er ist für ihn „Hüter der Flur, der Meere, der Schafe, der Geleiter der Schiffe, Spender des Regens. . ."

3) Der ästhetische Mensch ist ein „Impressionist des Daseins." Sein Leben ist weder als theoretische Vertiefung noch als Sammeln von Reichtum interessant, wichtig sind ihm die vielfältigen Eindrücke. Er ist ein Virtuoso des Lebens und kann die eigene Person als Kunstwerk stilisieren. Sein Wille zur Form ist überall spürbar. Am Marxismus stören ihn die ungepflegten Anhängerinnen und die unschönen Plakate. Jacques Offenbach stieß sich an den Revolutionen des 19. Jahrhunderts in Paris wegen ihrer „unmusikalischen Geräusche". Das Vorbild des ästhetischen Menschen ist oft die fernöstliche Kultur, die die höchsten Staatsämter dem Verfasser schöner Gedichte zuwies. Auch seine Religion ist die der Schönheit; bei einer Messe Mozarts oder einer Plastik Ignaz Günthers fühlt er sich der Gottheit näher als in einer schmucklosen Kirche.

Das Ästhetische als oberster Wert wird von vielen über die Schulter angesehen. Es ist deshalb interessant zu erfahren, daß ästhetische Werthaltungen als Hintergrund von theoretischen Werterzeugungen verdeckt auftreten können.

Bischof (1981, 20, 23) weist auf die „Harmonieerwartung als heuristisches Prinzip der neuzeitlichen Physik hin." Die Reduzierung der psychologischen Vorgänge, die Theorie Schneirlas, jede Art motivierten Verhaltens liege die Polarität von Annäherung und Rückzug zugrunde, sind weitere Beispiele für „denkästhetische Erwartung in der Psychologie".

4) Der soziale Mensch ist der wahre Pädagoge. Ihn interessiert gerade der Schwache, der Zu-Kurz-Gekommene. Die Identifikation mit dem Paria ist für ihn eine geläufige Figur seines Denkens und

Fühlens. Die goldenen Kelche der Kirche würde er einschmelzen lassen, um damit Brot für die Hungernden zu kaufen. Sein Gott ist der Gott, der für die Unterdrückten eintritt.

5) Der Machtmensch ist der geborene Politiker. Wissen ist nur insoweit interessant, als es Machtzuwachs bedeutet. Menschen sind für ihn Schachfiguren, Rechenpfennige. Der Zweck heiligt die Mittel:

Der Prunk im Gottesdienst ist nur dann sinnvoll, wenn er als Symbol der Macht den Herrschaftsinteressen dient. Gott ist für ihn nicht über die Schönheit einfühlbar, auch keine theoretische Form, Gott ist ihm der Allmächtige.

6) Musterbeispiel für den religiösen Menschen ist der Hl. Augustinus, der nur etwas über Gott und die Seele wissen wollte. Auf die Frage, ob ihn denn nichts anderes interessiere, antwortete er knapp: Absolut nichts.

3. Familiendynamik

Kein Gebiet der Persönlichkeitspsychologie ist der menschlichen Selbstbetrachtung so verborgen wie dieses. Mit den Eigentümlichkeiten von Männern und Frauen, mit unserem Nationalcharakter und den Besonderheiten unseres Lebensalters sind wir weitgehend vertraut. Wir sind gewohnt, über sie zu reden. Nur die Familiendynamik ist besonders tabuiert. Die Abhängigkeit unserer Persönlichkeit von Eltern und Großeltern, von Geschwistern und Kindern trifft uns mehr als andere Abhängigkeiten. Forschungen nehmen hier mehr als auf anderen Gebieten den Charakter von Enthüllungen an. Kein Wunder, daß die in diesem Problemkreis tätigen Forscher ein Persönlichkeitsmodell propagierten, in dem das Unbewußte eine besondere Stellung hat.

3.1 Eltern

> *Niemand wäre imstande, in den primitiven Religionen oder Mythologien auch nur einen Fall eines ermordeten Vaters zu entdecken.* M. Eliade

Freud hat das Denken der modernen Psychologie nachhaltiger geprägt als andere Forscher. Für ihn sind die Eltern entscheidende Faktoren bei der Entstehung der Persönlichkeit.

Zunächst ist er davon überzeugt, daß frühkindliche Eindrücke die entscheidenden sind. Schon die Geburt sei ein überwältigendes dramatisches Erlebnis, das das weitere Leben überschatte.

Fast alle seelischen Fehlentwicklungen ließen sich durch schädigende Eindrücke in der Kindheit erklären. Besonders belastend sei für das Kind, wenn es merke, daß die Eltern miteinander Beischlaf ausübten. Über die Erkenntnis dieser Urszene komme das Kind

Emile Zola Félicité

Félicité war eine kleine dunkle Frau, wie man sie oft in der Provence antrifft. Sie sah aus wie eine jener braunen, dürren, scharf zirpenden Zikaden, die sich beim jähen Auffliegen den Kopf an den Mandelbäumen stoßen. Sie war mager, flachbrüstig, hatte eckige Schultern, das Gesicht eines Steinmarders mit merkwürdig scharfen und ausgeprägten Zügen. Ihr Alter war schwer festzustellen; man hätte sie ebenso für fünfzehn wie für dreißig Jahre halten können, obwohl sie in Wirklichkeit neunzehn zählte, vier Jahre weniger als ihr Mann. Eine katzenhafte Schlauheit lag in ihren schwarzen, engstehenden Augen, die an Bohrlöcher denken ließen. Die Stirn war niedrig und gewölbt; die Nase war an der Wurzel leicht eingedrückt und hatte, wie um besser die Gerüche aufzufangen, stark ausgebuchtete, feine, dünne, zitternde Flügel; die Lippen bildeten einen schmalen, roten Strich, das vorspringende Kinn war durch merkwürdige Vertiefungen mit den Wangen verbunden. Dieses ganze Gesicht einer durchtriebenen Zwergin war die lebende Maske der Intrige, des unternehmenden, neidischen Ehrgeizes. Bei all ihrer Häßlichkeit besaß Félicité einen persönlichen Reiz, der sie verführerisch machte. Es hieß von ihr, sie könne nach eigenem Belieben hübsch oder häßlich sein. –

Ihr Verstand war dem anderer Mädchen ihres Standes und ihrer Bildung weit überlegen. Böse Zungen behaupteten, ihre Mutter, die einige Jahre nach ihrer Geburt gestorben war, sei in der ersten Zeit ihrer Ehe sehr eng mit dem Marquis de Carnavant befreundet gewesen, einem jungen Adligen aus dem Saint-Marc-Viertel. In der Tat hatte Félicité die Hände und Füße einer Marquise, wie sie dem arbeitenden Stand, aus dem sie herstammte, nicht zuzukommen schienen.

(Das Glück der Familie Rougon, 1871)

In seinem Vorwort zu diesem Romanzyklus, den er eine Natur- und Sozialgeschichte einer Familie aus dem zweiten Kaiserreich nennt, definiert Zola sein Werk als eine streng wissenschaftliche, medizinische Studie über das Wirken der Erbgesetze. „Ich studiere Ehrgeiz und Gelüste einer Familie, die auf die moderne Welt losgelassen wird, übermenschliche Anstrengungen macht und wegen ihrer Erbanlage und der auf sie einwirkenden Einflüsse nicht arriviert, im Augenblick, da sie ihr Ziel erfolgreich erreicht, zurückfällt und schließlich richtige moralische Ungeheuer hervorbringt. Die Zeit ist wirr, folglich zeichne ich die Wirrnis der Zeit". Indem Zola einen Einfluß von Handlungen und Überzeugungen der Vater- und Großvater-Generationen auf die Kinder und Enkel untersucht, nimmt er den familiendynamischen Ansatz vorweg.

Freilich ist seine Betrachtungsweise einseitig. Er folgt den deterministischen Lehren des Historiker Taine: „Das Laster und die Tugend sind nichts als Produkte wie das Vitriol und der Zucker.“ Drei Faktoren determinieren die menschlichen Handlungen: Die Rasse, das Milieu und die Zeitumstände.

Die Rasse wird bei Félicité als Erklärungsfaktor herangezogen, wenn wir hören, daß ihr Vater möglicherweise ein Marquis war. Die Determination der Handlungen durch das Milieu erfahren wir bei einem anderen Charakter dieses Romans, bei „diesem Lumpen Macquart“, von dem es heißt: „Die Nähe der Grenze und die Nachbarschaft der Selly-Wälder machten aus diesem faulen und seltsamen Burschen einen Schmuggler und Wilddieb . . .“

Der literarische Determinismus erinnert an den Behaviorismus. Auch Watson glaubte, durch die äußeren Umstände festlegen zu können, was aus dem Zögling später werden würde, ein Arzt, ein Rechtsanwalt oder ein Verbrecher. Gemeinsam mit dem Behaviorismus hat diese Betrachtungsweise auch eine gewisse Gefühlskälte, ja Unmenschlichkeit. Während sonst die Autoren mit ihren Helden eine gefühlsmäßige Verbundenheit zeigen, Sympathie und Verständnis, wird Félicité mit einer scharf beobachtenden Erbarmungslosigkeit gezeichnet.

lange Zeit nicht hinweg. Freud entdeckte die kindliche Sexualität. Die Perversion, also abnorme Persönlichkeitsentwicklung, sei durch Erlebnisse in der Kindheit zu erklären.

Die Mutter ist die erste prägende Liebe des heranwachsenden Sohnes. Er begehre sie auch sexuell (Ödipuskomplex), der Vater sei der gefürchtete Rivale, der den kleinen Buben in dessen Phantasie im entscheidenden Punkte bedrohe (Kastrationskomplex). Auf das äußerliche (wenngleich noch nicht sehr imponierende) Merkmal seiner Männlichkeit sei der kleine Junge entsprechend stolz. Er wird von den kleinen Mädchen, die Vergleichbares nicht aufzuweisen haben, logischerweise beneidet (Penisneid).

An Freuds Theorie vom Ödipus-Komplex setzt Adornos Erklärung des Antisemitismus ein. Der Vorurteilsbelastete, der Faschist, die autoritäre Persönlichkeit übertrage den nicht verarbeiteten Haß gegen den Vater nun auf die Juden. Diesen werde unterstellt, sie verführten die eigenen Frauen. Die Nürnberger Gesetze, die den Beischlaf von Juden mit Arierinnen verboten, seien eine Manifestation des Ödipus-Komplexes. Auch der Rassenhaß in anderen Teilen der Welt (zum Beispiel in den amerikanischen Südstaaten) spiele mit dem Gedanken, daß die Neger weiße Frauen vergewaltigten. Der grausame Vorgang des Lynchens richte sich vornehmlich gegen dieses mehr in der Phantasie als in der Wirklichkeit auftretende Verbrechen.

Doch auch die Linken kann man mit Freud analysieren. Ihr Mißtrauen gegenüber den selbstregulierenden Kräften des Marktes sieht von Hayek als einen Vater-Komplex an, als die Suche nach einem Über-Vater Staat, der alle Dinge vernünftig regeln müsse, der die Armen unterstützen, die Arbeitslosigkeit verhindern, den Boden verteilen und die Benzinpreise fixieren müsse.

Das Verhältnis des Sohnes zum Vater ist ambivalent. Dieser ist nicht nur der große Feind, sondern auch das große Vorbild. Gerade der strenge, der gefährliche Vater wirkt prägend. Die Vorbildwirkung auf die Persönlichkeit des Sohnes nennt Freud Identifikation. Der Sohn introjiziert Züge des Vaters, er verleibt sie sich unbewußt ein. Der Stärkere hat die größte Vorbildwirkung. Kolonialvölker imitieren ihre Kolonialherren. Die Inder übertreiben den englischen Akzent. Selbst die Überlebenden aus den Konzentrationslagern imitierten unbewußt die Methoden der SS. Anna Freud, die Tochter Sigmunds, nannte diese Form der Persönlichkeitsprägung „Identifikation mit dem Aggressor". Doch nicht nur störende, sondern auch anfeuernde Wirkungen kann das Erlebnis der Eltern haben. Große Künstler wurden durch frühkindliche Ereignisse motiviert. Leonardo da Vinci wurde als lediges Kind eines reichen florentinischen Notars und eines Bauernmädchens geboren, das das kleine Genie zunächst aufzog. Später heiratete sein Vater eine reiche Frau, und Vater und Stiefmutter nahmen den Sohn zu sich. Dieser aber erinnert sich immer an die Zuneigung seiner früh verlorenen leiblichen Mutter und verewigt sie in seinem berühmtesten Gemälde, im Lächeln der Mona Lisa. Auch die religiösen Ideen sind aus der frühkindlichen Situation des Menschen zu erklären, in der er sich in vollkommener Abhängigkeit eines mächtigen Vaters und einer mächtigen Mutter befindet. Ein unerschütterlicher religiöser Glaube an einen allmächtigen Himmelsvater, an eine gütige Himmelsmutter seien Persönlichkeitsmerkmale, die auf die frühkindlichen Erlebnisse zurückzuführen seien.

Die Erfahrungen des Kindes mit seinen Eltern formen seine Persönlichkeit. Das Heranwachsen stellt spezifische Aufgaben. Die Unterschiede zwischen den Menschen erklären sich in diesem Ansatz zunächst dadurch, daß sie von verschiedenen Entwicklungsphasen geprägt sind. Freud unterscheidet den oralen, den analen und den genitalen Charakter.

Neofreudianer haben dieses Schema etwas erweitert. Auch sie sehen Zusammenhänge zwischen Triebschicksal und Persönlichkeitsstruktur. Schultz-Hencke sieht in den ersten drei Lebensjahren folgende Phasen: die orale, die intentionale, die epidermale, die anale und die uretrale, die manuale und schließlich die genitale Phase, die von der Mitte des vierten bis zum dreizehnten Lebensjahr reiche.

In der oralen Phase sei die Mundzone das dominante Erfahrungs- und Bemächtigungsorgan. Die Tätigkeit des Saugens werde auch ohne Hunger ausgeübt (Wonne-Saugen, Lutschen). Störungen in dieser Phase formen spätere Persönlichkeitsbilder. Einmal den Daumenlutscher, der Daumen wird zum Ersatz der mütterlichen Brustwarze. Ein anderer Persönlichkeitstyp, der in der oralen Phase geprägt wird, ist der starke Raucher. Die Zigarette ist das Lustobjekt, das die Sicherheit und Geborgenheit der verlorenen Mutter zurückbringt. Freud faßte das Rauchen als Ersatzbefriedigung auf. Bei Frauen sei es nicht nur als oraler Ersatz zu denken, sondern auch als genitaler. Die Zigarette werde mit vergleichbarer Inbrunst und ähnlichem Lustgewinn in den Körper eingeführt, wie das männliche Genitale. Der Vorteil der Zigarette gegenüber dem Partner liegt in ihrer ständigen Verfügbarkeit. Wer von der Zigarette abhängig ist, anstatt von einem mütterlichen Partner, zeigt also einen gewissen Fortschritt. (Winnicott)

Auch extreme Fettleibigkeit kann ein Triebschicksal sein, das aus der oralen Phase stammt. Ebenso wie die Zigarette hilft reines Essen, befriedigende Nahrungsaufnahme über Streß, Schwierigkeiten, Depressionen hinweg. Da auch die Nahrung verfügbarer und manipulierbarer ist als ein Partner, ist auch diese Abhängigkeit als ein Entwicklungsfortschritt gegenüber reiner kindlicher Abhängigkeit anzusehen.

Süchtigkeit ist ein menschliches Persönlichkeitsmerkmal. Der Süchtige sucht überoptimale Attrappen. Süße ist ein Merkmal der Muttermilch. Damit ist er nicht mehr zufrieden. Er möchte Gezuckertes, Süßeres. Viele Erwerbszweige dienen menschlichen Süchten nach überoptimalen Attrappen. Die Cafés, die Konditoreien spekulieren auf die oralen Triebe. Aber auch beim Trinken gibt sich der Mensch nicht mit den natürlichen Befriedigungen zufrieden. Frisches Wasser (im Gegensatz zu abgestandem) sprudelt leicht. Also wird dieser Effekt künstlich durch Kohlensäure überhöht. Nach dem Saugen wird das Kleinkind müde, schlafft ab, vergißt die Welt und schläft. Der Alkohol in seinen vielen Formen ist insofern eine überoptimale Attrappe als er die typischen Wirkungen der Muttermilch potenziert. Massermann konnte zeigen, daß auch Tiere in Streßsituationen zu Alkoholismus neigen. Das Anstreben überoptimaler Attrappen, die Sucht, ist also ein typisches Triebschicksal aus unserer oralen Phase. (Allerdings kennen wir auch die Anziehung von Cover-Girls, die die normalen sexuellen Reize ins Groteske übertreiben). Jede Drogenabhängigkeit ist ein Persönlichkeitsmerkmal, das in der oralen Phase geprägt wurde. Immer geht es dem Drogensüchtigen um den Lustgewinn der Regression. Er sucht das totale Glücksgefühl des gestillten Säuglings wieder zu erlangen. Über der Sauglust wird in der oralen Phase die Beißlust entdeckt. Das Kind erlebt, daß es sich Objekte einverleiben kann.

Während das ganz kleine Kind unter dem „Gesetz von Nahrung, Wärme, Sauberkeit" steht, verlagert sich in der Folge das Luststreben auf andere Körperöffnungen. In der analen Phase wird die Lust des Zurückhaltens als das große neue Erlebnis gefeiert. Alles lustbetonte Sparen habe hier seinen Triebursprung. Die Bürokraten seien in dieser Epoche geprägt worden. Während der orale Mensch mit offenen Lippen, offenen Sinnen danach strebe zu genießen, besteht der Lustgewinn dieser Menschen im Zurückhalten. Sie pressen mit Lust ihren Hintern zusammen, der Volksmund nennt sie dann auch Korinthenkacker. Ihre Lippen sind schmal, und wenn sie einen Kommafehler finden, oder drei Pfennig Manko, geht ein stilles Leuchten durch den ganzen Körper. Nicht nur das Auf-den-Topf-gehen prägt Kulturen, sondern auch das Harnlassen (Christoffel 1954). Schon bei Tieren dient es der Abwehr und dem Angriff, dem Markieren des Revieres. Bei Feuerwehrleuten und bei Brandstiftern ist diese Phase des Triebschicksals besonders akzentuiert. Brandstifter pissen gern in das selbstentfachte Feuer. Der brennende Ehrgeiz und das „spritzige Temperament" gehören wohl auch in diesen Formkreis. Eine kuriose Theorie der Triebschicksale konstruiert Ludwig Szondi (1960), der von der Freudschen Lehre ausgeht und 8 Triebe unterscheidet (darunter die bi-

Abbildung 12: Antoine Watteau, Gilles 1721

Der Gilles ist eine Komödienfigur aus der italienischen Commedia del Arte, dort heißt er Pulcinella. Zusammen mit dem Harlekin ist er ein Diener eines älteren Herrn (des Pantalone oder Dottore). Die einfarbige Kleidung des Gilles ist ebenso uralt wie das Flickengewand des Harlekin. Möglicherweise reichen beide (ebenso wie die dazugehörigen Masken) in jene etruskische Vorzeit zurück, in der das Theaterspielen ein Teil des Totenritus war.

Seit dem 19. Jahrhundert wird der Gesichtsausdruck des Gilles und seine Haltung fälschlich als traurig interpretiert. Ein Zeichen des Selbstmitleids des modernen Intellektuellen, der sich mit dem Zirkusclown, mit der Bohème identifiziert. Ob jedoch nicht der Pulcinella, im Gegensatz zu dem mit einer Pritsche bewaffneten aktiven Harlekin, den mehr passiven, introvertierten Menschentyp repräsentiert, sei dahingestellt.

sexuelle Erotik, das Bettnässen, den Urnarzißmus, die Analität und die Oralität). Durch den Familieneinfluß sei einer dieser Triebe im individuellen Schicksal dominierend und bestimme die Lebensthematik. Günstigenfalls werde der Trieb operotrop abreagiert, also in den Beruf eingebracht. Die bisexuelle Erotik bilde den Hintergrund so unterschiedlicher Berufe wie Frisör, Bademeister, Hotelier, Kellner, Spion, Dichter, Gynäkologe und Dermatologe. Diese unterscheiden sich zwar durch die geforderte Intelligenzhöhe und Ausbildungslänge, nicht jedoch durch das in ihrer Ausübung befriedigte Grundbedürfnis. Werde die bisexuelle Erotik nicht beruflich abreagiert, so könne sie sublimiert werden. Szondi sieht die Literatur als Sublimationsprodukt der bisexuellen Erotik. Auch durch die Partnerwahl kann der dominierende Trieb gebunden werden. Mißlingen sämtliche gesunden Möglichkeiten der Triebbindung, so kommt es zur Symptombildung, zum abweichenden Verhalten, das als krank oder delinquent eingestuft werden kann. Triebentgleisungen der bisexuellen Erotik sind Transvestitismus, Kuppelei, Zuhälterei.

Sadistische Berufe sind nach Szondi Metzger, Scharfrichter, Zahnarzt, Chirurg, Bildhauer, Tierbändiger, Jäger, Soldat und Chauffeur (hier spielt Szondi möglicherweise auf die sadistische Behandlung des Motors bei Kavalierstarts an). Technik und Zivilisation seien Einrichtungen des sublimierten Sadismus. (Nicht nur die Grünen würden ihm in diesem Punkte begeistert zustimmen). Entgleisungen des Sadismus sind Lust- und Raubmord.

Zu den Bettnässerberufen gehöre die Feuerwehr, ein Beruf der Gefallen daran findet, das Wasser mit kräftigem Strahl abzugeben. Aber auch die Explosionsberufe seien hier einzuordnen, wie auch die Eisenbahner.

Anale Berufe übten die Maler aus (sie schmieren), die Straßenkehrer, aber auch die Bankiers (da – wie im Märchen vom Goldesel – Geld ein Symbol für Kot sein kann). Auch die Museumsdirektoren und Antiquitätenhändler horten und pflegen Sachen, die anders Veranlagte eher auf den Müllhaufen werfen. Die Nationalökonomie sei nichts anderes als sublimierte Analerotik, die zugehörige triebhafte Entgleisung sei die Depression.

Hysterisch geprägt seien die Berufe des Mannequins, des Kanzelpredigers, des Schauspielers, des Fernsehansagers und der anderen

Angehörigen des Schaugeschäftes. Diese Menschen brauchten ein Publikum, sonst würden sie hysterisch. Alles dürfe man diesen Leuten antun, so lange man sie nur beklatsche.

3.2 Geschwister

In teilweisem Gegensatz zu Freud betont Adler den Einfluß der Geschwister auf die Persönlichkeit. Gegen diese Geschwister muß sich der Heranwachsende durchboxen. Das entspricht mehr der Betrachtungsweise Adlers, der eher in der Durchsetzungsfähigkeit als in der Sexualität die persönlichkeitsformende Dynamik erkennt. Der Minderwertigkeitskomplex und seine Überkompensation sind Adlers Begriffe, die sich durchgesetzt haben. Der Mensch fühlt sich minderwertig und er strebt nach Überlegenheit. Seine Geschwister sind wichtige Faktoren auf diesem Lebensweg.

Generell läßt sich sagen, daß die Ältesten dazu neigen, auf ihre Autorität zu achten. Sie sind Führerpersönlichkeiten. Von früh auf haben sie gelernt, sich gegen die Jüngeren durchzusetzen. Die Jüngsten hingegen kamen in eine Welt, in der sie von vornherein körperlich unterlegen waren. Mit roher Gewalt konnten sie wenig erreichen. So mußten sie es mit Charme und allerlei Tricks versuchen.

Das Einzelkind kommt in dieser Betrachtungsweise nicht so schlecht weg wie im Volksmund. Seine Eltern haben oft mehr Zeit und mehr Zuwendung ihm gegenüber, als sie dies bei Geschwisterkindern könnten. Das Einzelkind wird sich oft später bei einem viel älteren Partner wohlfühlen, weil ihm von früh an der Umgang mit der älteren Generation vertrauter ist als mit Gleichaltrigen. Ganz allgemein sieht die Tiefenpsychologie in der Partnerwahl die Tendenz, kindliche Konstellationen zu wiederholen. So rät sie etwa dem älteren Bruder einer Schwester, die jüngere Schwester von Brüdern zu heiraten. Diese weiß mit einem älteren Bruder umzugehen (und er mit kleinen Schwestern). Stoßen zwei Senioren in einer Partnerschaft aufeinander, so entstehe jene unglückliche Lage, die die englische Sprache mit der Feststellung umschreibt: Too many chiefs and too few Indians. Beide Senioren wollen den Ton angeben, die Automarken, den Ferienort und die Tapetenfarbe bestimmen. Die Lage bessere sich erst, wenn beide Senioren genügend Kinder haben, um ihre überschüssigen Führungsqualitäten ausleben zu können.

Die unglückliche Konstellation ist nicht das Einzelkind, sondern vielmehr das Kind aus der eingeschlechtlichen Kinderreihe, also das Mädchen, das nur Schwestern und keine Brüder, der Junge, der nur Brüder und keine Schwestern hat. Diesen fehlen elementare Sozialisationserfahrungen, die im späteren Leben kaum nachzuholen sind. Verschärft wird diese Konstellation, wenn die Kinder eng aufeinander folgen und so zu Konkurrenten werden. Günstiger ist daher ein drei- bis vierjähriger Abstand, bei einem Abstand von über sechs Jahren kann man wieder von einer Einzelkind-Situation ausgehen.

Walter Toman (1974) hat die Lehre von der Familienkonstellation ausgebaut. Seine Charakterbilder sind sprachlich geschliffen und gehören zu den wenigen auch literarisch ansprechenden Forschungsergebnissen der Psychologie. Die jüngste Schwester von Schwestern charakterisiert er so:

„Sie liebt die Abwechslung und die Aufregungen. Sie ist impulsiv, lebenslustig, manchmal auch unstet und leicht herauszufordern. Häufiger als andere Mädchen befindet sie sich im Wettkampf oder in Konkurrenz mit Mädchen und Frauen, aber auch mit Männern. Sie wirkt anziehend, aber mitunter auch launenhaft und kapriziert. Leichter als andere Personen kann man sie von manchen Vorhaben ablenken, besonders wenn die Ablenkungsabsicht nicht zu ostentativ ist. Merkt sie aber, daß sie manipuliert wird oder werden könnte, dann reagiert sie halsstarrig und hält manchmal ihr Leben lang, auch gegen ihre eigenen praktischen Interessen, an einer Idee oder an einem Plan fest.

Bei der Arbeit ist sie erpicht, sich auszuzeichnen. Lob und Anerkennung sind ihr sehr wichtig, und in dem Ausmaß, in dem sie dabei ihre Erwartungen erfüllt findet, ist sie auch zu guten bis zu hervorragenden Arbeitsleistungen fähig. Verschlechtert sich die Arbeitsatmosphäre, kann ihre Einsatzbereitschaft erheblich abnehmen. Dabei ist es ihr gleichgültig, ob eine solche Änderung Absicht eines Vorgesetzten oder etwa die unverschuldete Auswirkung einer Wirtschaftskrise ist. Sie beurteilt, was sie spürt und erlebt. Den Kontext, in dem dies geschieht, beachtet sie erst in zweiter Linie und gelegentlich garnicht.

Sie scheint die Führung einer Frau oder eines Mannes zu brauchen, solange dies nicht allzu klar zutage tritt und die führende Person sich zumindest der Form nach um ihr Einverständnis bemüht ..."
„Sie kann besser als andere Mädchen Männer anlocken, ja sie mitunter verrückt nach ihr machen und gegeneinander ausspielen."
„Kinder kommen ihr nicht übermäßig gelegen, es sei denn sie hat ein Kindermädchen, eine Haushälterin, die eigene Mutter oder eine ihrer Schwestern als Hilfen."

„Mehr als andere Frauen neigt sie etwa zu folgenden Berufen: Sekretärin, Sängerin, (Komödien-)Schauspielerin, Ansagerin beim Rundfunk oder Fernsehen, Handelsvertreterin, Werbeagentin, politische Rednerin (auch in Frauenrechtsangelegenheiten), Dolmetscherin, medizinisch-technische Assistentin, Assistenzärztin, bildende Künstlerin, Photographin, Modezeichnerin ..."

„Bekannte jüngste Schwestern von Schwestern sind etwa Prinzessin Margaret, Kim Nowak ..."

3.3 Interaktion

Ein Mensch, der mit einem anderen in Verbindung tritt, hat nur noch wenig Kontrolle darüber, was in dieser Verbindung passiert. G. Bateson

Die familiären Erfahrungen prägen unsere Welterfassung, sie prädestinieren unseren weiteren Umgang mit Menschen. Wir tragen bestimmte Bilder in uns, an denen wir die Umwelt messen. Der künftige Ehemann muß sich gegen das Vaterbild der Braut, vielleicht auch gegen das Bild behaupten, das sie von ihrem Bruder besitzt. Die Kochkünste der Ehefrau werden am Pudding der Mutter gemessen. C.G. Jung (1950, 1954) versuchte diese, jegliche spätere Interaktion steuernden Bilder zu systematisieren. Dabei glaubt er, daß sie nicht nur dem persönlichen Unbewußten, sondern auch einem kollektiven Unbewußten angehören. Menschheitserfahrungen seien in diese Archetypen, die das Verhalten, besonders aber unseren Umgang mit anderen Menschen steuern, eingegangen. Der ursprünglichste archaische Archetyp ist der des Uroboros. Das ist die Schlange, die sich selbst in den Schwanz beißt: Die Ureltern in

Theodor Fontane Dubslav

Dubslav von Stechlin, Major a.D. und schon ein gut Stück über Sechzig hinaus, war der Typus eines Märkischen von Adel, aber von der milderen Observanz, eines jener erquicklichen Originale, bei denen sich selbst die Schwächen in Vorzüge verwandeln. Er hatte noch ganz das eigentümlich sympathisch berührende Selbstgefühl all derer, die „schon vor den Hohenzollern da waren", aber er hegte dieses Selbstgefühl nur ganz im Stillen, und wenn es dennoch zum Ausdruck kam, so kleidete sich's in Humor, auch wohl in Selbstironie, weil er seinem ganzen Wesen nach überhaupt hinter alles ein Fragezeichen machte. –
Des alten Schloßherrn Lebensgang war märkisch-herkömmlich gewesen. Von jung an lieber im Sattel als bei den Büchern, war er erst nach zweimaliger Scheiterung siegreich durch das Fähnrichsexamen gesteuert und gleich danach bei den Brandenburgischen Kürassieren eingetreten, bei denen selbstverständlich auch schon sein Vater gestanden hatte. –
(Dann nahm er Abschied,) um sich auf sein seit dem Tode des Vaters halb verödetes Schloß Stechlin zurückzuziehen. Hier warteten seiner glückliche Tage, seine glücklichsten, aber sie waren von kurzer Dauer – schon das Jahr darauf starb ihm die Frau. Sich eine neue zu nehmen, widerstand ihm, halb aus Ordnungssinn und halb aus ästhetischer Rücksicht. „Wir glauben doch alle mehr oder weniger an eine Auferstehung" (das heißt, er persönlich glaubte eigentlich nicht daran), „und wenn ich dann oben ankomme mit einer rechts und einer links, so ist das doch immer eine genierliche Sache." –
Diese Worte – wie denn der Eltern Tun nur allzu häufig der Mißbilligung der Kinder begegnet – richteten sich in Wirklichkeit gegen seinen dreimal verheiratet gewesenen Vater, an dem er überhaupt allerlei Großes und Kleines auszusetzen hatte, so beispielsweise auch, daß man ihm, dem Sohne, den pommerschen Namen „Dubslav" beigelegt hatte. „Gewiß, meine Mutter war eine Pommersche, noch dazu von der Insel Usedom, und ihr Bruder, nun ja, der hieß Dubslav." „Aber trotzdem bleib' ich dabei, solche Namensmanscherei verwirrt bloß. Was ein Märkischer ist, der muß Joachim heißen oder Woldemar. Bleib im Lande und taufe dich redlich. Wer aus Friesack is, darf nicht Raoul heißen." –
(... wenn ihm gesagt wurde, daß er einen Bismarckkopf habe): „Nun ja, ja, den hab' ich; ich soll ihm sogar ähnlich sehen. Aber die Leute sagen es immer so, als ob ich mich dafür bedanken müßte. Wenn ich nur wüßte, bei wem; vielleicht beim lieben Gott, oder am Ende gar bei Bismarck selbst. Die Stechline sind aber auch nicht von schlechten Eltern. Außerdem, ich für meine Person, ich habe bei den sechsten Kürassieren gestanden, und Bismarck bloß bei den siebenten, und die kleinere Zahl ist in Preußen bekanntlich immer die größere; – ich bin ihm also einen über. –"

(Der Stechlin, 1899, 1. Kapitel)

Im Gegensatz zu dem rein äußerlichen Blickpunkt des Naturalismus interessiert Fontane die Welt, so wie sie sich in den Augen seiner Helden abbildet. Man könnte es eine kognitive Wende nennen. Die Welt wird durch die Brille des Helden gesehen, sein Selbstgefühl charakterisiert ein Satz aus seinem inneren Monolog, er gehört zu denen, „die schon vor den Hohenzollern da waren". Auch die Stellungnahme zum eigenen Vornamen wird so entwickelt. Fontane erkennt dabei die Doppelbödigkeit des Selbstbildes. Dubslav beruft sich auf das christliche Dogma, ohne selbst daran zu glauben. Diese Mitteilung, die zwischen Klammern steht, zeigt die Identifikation des Autors mit seinem Helden. Der Leser weiß nämlich nicht, ob es sich dabei um einen Gedanken des Autors oder des Helden handelt.

Auch über Dubslavs mäßige Leistungen beim Fähnrichsexamen, das gewiß keine extremen theoretischen Anforderungen stellte, macht sich der Autor keineswegs lustig. Das Scheitern wird als selbstverständliche Folge der Vorlieben des Helden angesehen. Er war eben von jung an lieber im Sattel als bei den Büchern.

Im übrigen zeigt das Porträt das Lebensgefühl des Aristokraten, der nicht in erster Linie nach Originalität oder nach Individualität strebt. Es hat etwas Typisches; schon im alten Griechenland verharrte die aristokratische Weltauffassung im Idealen, im Typus des lächelnden Kuros, so auch hier. Dubslav dient bei dem Truppenteil, bei dem auch sein Vater gedient hatte, und bei der Namensgebung lehnt er phantasievolle Innovationen grundsätzlich ab.

---

geschlechtlicher Umarmung repräsentieren das Chaos, das uns zu verschlingen droht, die gefährliche Unordnung, gegen die wir das Leben lang ankämpfen, und in der wir uns bisweilen treiben lassen. Aber auch das Schlaraffenland ist eine Ausprägung dieses Archetyps: Die süße völlige Aufgabe an eine umfassende anonyme Macht.

Ein etwas entwickelterer Archetyp ist der der Großen Mutter. Sie kommt als gefährliche, verschlingende Todesgöttin vor, in der indischen Mythologie als Kali, die Göttin der Seuchen, deren Beischlaf – zu dem sie lockt – den Tod bedeutet. Im Märchen ist sie die Hexe, die Hänsel und Gretel auffressen will. Die große Mutter ist aber auch die große Schützende, die Heilende, Leitende, die die guten Kräfte im Menschen weckt. Bei der täglichen Interaktion mit Frauen, die bald als Hexen, bald als Engel gesehen werden, schlagen diese Bilder oft durch.

Auch der Vater-Archetyp hat zwei Aspekte. Einmal den strafenden, rächenden, strengen, unerbittlichen: Stoß zu, eisgrauer Vater!

Dann aber den gütigen, sanften. Auch das Element des Erfahrenen, Alleswissenden, Klugen, Überlegenen, spielt mit hinein. Die Gottesvorstellung vieler Völker entspricht diesem Vater-Archetyp. Die jungen Damen, die sich zu den graumelierten Herren hingezogen fühlen, werden hier von einem inneren Bild gesteuert.

Offensichtlich unterscheiden sich die Menschen durch das Vorherrschen verschiedener Archetypen. Den epochalen Erfolg junger Eroberer, exzentrischer Sektenstifter und bärtiger Revolutionäre ist mit dem Helden-Archetyp zu erklären, dessen Bild diese Männer entsprechen. Der richtige Held kämpft tapfer für das Neue, er kämpft gegen eine Übermacht und wenn er etwas auf sich hält, stirbt er jung in diesem Kampf. Im amerikanischen Wahlkampf konnte sich J.F. Kennedy diesem Bild anpassen, das brachte Stimmen und weltweiten Erfolg. Auch der Clown, der Jester, der paradoxe Held profitiert noch vom Glanz dieses Images in den Persönlichkeiten seiner Anhänger.

Schließlich schließen nach den Vorstellungen Jungs noch zwei weitere Bilder in unterschiedlichem Maße in unsere Interaktionen ein und vermischen sich mit unseren Wahrnehmungen: der Schatten und die Persona. Im Schatten sind jene Züge unserer Persönlichkeit vereinigt, die wir ablehnen, abstoßen, verdrängen. Ein Gegenüber kann uns als die Verkörperung des eigenen Gegenbildes imponieren, als der „Hintergänger“. Die Persona umfaßt die verdrängten weiblichen Züge beim Mann, die verdrängten männlichen bei der Frau. Auch diese Bilder drängen sich in unsere Interaktionen ein.

Der Schritt von den Bildern, die die Handlungen mitbestimmen, zu Drehbüchern, Spielen, die durch diese Bilder in Szene gesetzt werden, vollzieht Berne (1967). Er bringt das Schichtenmodell Freuds in die Betrachtung der Interaktion ein. In einer Partnersituation treffen Personen aufeinander, die jeweils ein Vater-Ich, ein Erwachsenen-Ich und ein Kinder-Ich besitzen. Wenn ein Polizist mit strenger Miene sagt: „Sie sind zu schnell gefahren!“ wenn ein Türsteher bedeutet: „Hier müssen Sie warten!“, so ist das jeweilige Vater-Ich in Aktion, das das Kinder-Ich des Gegenübers anspricht, von dem kommentarloses Gehorchen oder gehörige Zerknirschung erwartet wird. Das Gegenüber kann jedoch die Interaktion als Erwachsener bestehen wollen: „Bitte erklären Sie mir, warum Sie Bedenken gegen mein Eintreten haben?“ oder: „Woraus schließen Sie auf eine angeblich überhöhte Geschwindigkeit?“ Oder er kann gar sein Vater-Ich herauskehren: „Wissen Sie eigentlich, wer ich bin, daß Sie es wagen, mich hier aufzuhalten?" oder: „Nennen Sie mir mal erst Ihren Namen und Dienstgrad. Ich bin nämlich mit ihrem Vorgesetzten gut befreundet." Es liegt auf der Hand, daß Interaktionen, in denen zwei Vater-Ichs aufeinandertreffen, selten sehr harmonisch verlaufen. Auch zwei Kinder-Ichs finden nicht oft zu befriedigender Interaktion. Etwa: „Könnten Sie mir helfen, den Weg zu finden?" „Mein Freund hat mir verboten, mit fremden Leuten zu sprechen." Bernes ideale Interaktion folgt Freudschen Vorstellungen, am besten ist das Aufeinandertreffen zweier Erwachsenen-Ichs.

Menschen unterscheiden sich danach, welches Ich sie habituell in ihren Interaktionen einsetzen. Die „Spiele der Erwachsenen" bestehen in typischen Lebens-Szenarios, die immer wieder durchgespielt werden. Die Frau etwa, die Männer absichtlich in verfängliche Situationen verwickelt, um ihnen dann kurz vor dem Ziel auf die Finger klopfen zu können und sich selbst deren Unverschämtheit beweisen zu können. Auch Alkoholismus und exzessives Glücksspiel seien Fortsetzung kindlicher Strategien im Erwachsenenalter. Der Alkoholiker möchte wie ein Kind bei seiner Übertretung erwischt werden, he must hit the bottom, wie es die englische Sprache ausdrückt. Der Spieler träumt von der kindlichen großen märchenhaften Belohnung ohne eigene Anstrengung und ist nach Dostojewskis sachverständiger Meinung erst glücklich, wenn er alles verloren hat.

Kretschmer verbindet den interaktionellen mit dem konstitutionellen Ansatz zur Erklärung des hysterischen Charakters. An die Interaktionen einer erwachsenen Frau werden in einer Partnerbeziehung mit einem Mann klar spezifierte Anforderungen gestellt. Nun gibt es aber bedauernswerte Frauen, die aufgrund ihrer ungenügend oder nur partiell ausgereiften Sexualkonstitution kaum in der Lage sind, diesen Anforderungen zu genügen. Auch hysterische Männer stehen vor analogen Problemen. Ein Lebensstil der Ausflüchte (Heute ist doch nicht schon wieder Donnerstag), ein Ausweichen in Kunst und Ästhetik, Manierismen und Ohnmachten können die Folge sein. Nachbarin Euer Fläschchen!

Von dem entgegengesetzten Problem sind die zwanghaften Personen in ihren Interaktionen geplagt. Eine zu früh oder schubartig einsetzende Sexualentwicklung läßt sie zur Unzeit schlecht auslebbare Ansprüche stellen, auf die die Umgebung meist repressiv reagiert. Werden diese Repressalien internalisiert, so kommt es zu allerlei Bußaktionen, starren Ritualen, Waschzwängen, Sauberkeitsticks. Die allzu drängenden Triebe sollen durch feste Zwänge eingedämmt werden. Das Ritual soll vor dem großen Dammbruch schützen, vor dem sich diese geplagten Menschen vor allem ängstigen.

3.4 Delegation

„Unsichtbare Loyalitäten" nennt Boszormenyi-Nagy (1973) die Bande, mit denen Eltern ihre Kinder oft auch dann noch fesseln, wenn diese längst erwachsen sind. Den Kindern wird in der Sozialisation durch versteckte Signale ein komplettes Steuerungsprogramm übermittelt, das in vielen Bereichen für Kinder und für Eltern kaum bewußt ist.

Stierlin (1975, 1978) ordnet die hierbei entstehenden Verhaltensmuster nach den Beziehungsmodi zwischen Eltern und Kindern, wobei die Beziehung nach den Polen „Binden" und „Ausstoßen" differenziert wird. Im Verhältnis von Eltern und Kindern finden wir zunächst im Säuglings- und Kindesalter eine enge Bindung, die dann in der Adoleszenz gelockert wird und schließlich zur Selbständigkeit des Herangewachsenen und zu einer neuen Formulierung des Verhältnisses zu den Eltern führt. Stierlin unterscheidet nun Persönlichkeiten, die von den Eltern zu stark gebunden werden und solchen, die zu früh ausgestoßen werden. Die schweren Schäden in der Persönlichkeitsentwicklung, die dadurch entstehen, wenn sich Eltern im Säuglingsstadium nicht um ihre Kinder kümmern, können bis zu den Symptomen des Hospitalismus (Spitz) führen. Die Folgen einer Ausstoßung des Heranwachsenden in der Adoleszenz beschreibt Stierlin (1978; 180) „Bindungslose ausgestoßene Jugendliche entwickeln sich oft zu unbekümmerten Ausreißern." Sie stellten einen wichtigen Teil der Jugendkultur dar, die kaum durch ein liebevolles Beisammensein gekennzeichnet sei, sondern durch einen „grimmigen Kampf ums Überleben". Die Bindungslosigkeit des Ausgestoßenen verdichtet sich in der Philosophie des „do your own thing". Jeder kann tun und lassen was ihm

Spaß macht. Es herrscht Egoismus und Egozentrizität. Stierlin (1978; 176, 175) sieht Zusammenhänge zwischen dem Schicksal des Ausgestoßenen und dem Narzißmus (Kohut 1966, 1973). „Jedesmal, wenn ich einen solchen Patienten besser kennenlernte, war ich davon beeindruckt, wie er in einem zwischenmenschlichen Vakuum ohne elterliche Wärme, Fürsorge und Anteilnahme aufgewachsen war." Die hervorstechendste Eigenschaft dieser narzißtischen Persönlichkeiten ist jedoch ihr ... exzessives Selbstwertgefühl." „Die anderen zählen nur insoweit und werden insofern wahrgenommen, als sie ... Bewunderung und Bedeutsamkeit bringen." Auf der anderen Seite gehe diese Bindungslosigkeit des Narzißten oft mit bedeutenden künstlerischen und wissenschaftlichen Leistungen einher. Die schöpferische Energie kann ungehemmt durch familiäres Engagement eingesetzt werden. Viele dieser narzißtischen Individuen sind ungewöhnlich kreativ. Kreativität verlange eine Freiheit von Konventionen. Das Grand design und die Pubertät gehören irgendwie zusammen. Vielleicht kann in diesem Zusammenhang auf die Ehelosigkeit der katholischen Priester hingewiesen werden, die sicher auch zu Leistungen befähigt, die durch eine Familienbindung schwieriger zu bewältigen wären. Die Zuneigung großer Geister zu ihren dummen Frauen, die wenig seelische Präsenz und Aufmerksamkeit verlangen, ist bekannt. Gute Ehen sind unter den Berühmtheiten eher die Ausnahme. Rousseau gab die Kinder, die er mit einer Debilen zeugte, ins Findelhaus, auch Goethe scheint seine Ehefrau unter dem Gesichtspunkt einer Gefühls- und Bindungsökonomie gewählt zu haben. Der Leitspruch Giuseppe Verdis ist der der Hippie-Generation „il fare suo".

Zu außergewöhnlichen Persönlichkeitsentwicklungen führt auch das Gegenteil der frühen Ausstoßung, die zu enge Bindung des Kindes. Im extremen Fall sind schizophrene Verläufe so zu erklären: „Wenn Eltern ihr Kind gleichzeitig auf der affektiven und auf der kognitiven Ebene und auf der Ebene der Loyalität binden", führe dies zu einer „symbiotischen Verschmelzung" (Stierlin 1978; 150).

Diese umreißt Mahler (1972) so: „Das Kind wird nicht als eigenständige Person angesehen, und die Grenzen zwischen Elternteil und Kind werden nicht anerkannt." „Vom Kind wird erwartet, daß es sich den elterlichen Wahrnehmungsverzerrungen der Umwelt, den körperlichen Restriktionen und unpersönlichen Beziehungen unterwirft." Wahnvorstellungen sind auch dadurch zu erklären, daß es den Kindern nicht gelingt, selbständige, verläßliche Realitätserfahrungen aufzubauen. Die stärkere Wirklichkeit der Eltern, von der paradoxe Signale ausgestrahlt werden, führt zur Double-Bind-Situation (Bateson 1972). Diese Infantilisierung „muß das Kind darauf trainieren, ein chronischer, unbeweglicher Pflegeempfänger zu werden, sei es in seiner Familie oder in einer Anstalt" (Stierlin 1978; 152).

Eine mittlere Stellung zwischen dem Ausstoßen und dem Binden nimmt die Delegation ein. Hier beeinflussen die Eltern das Kind wie durch eine Art Fernsteuerung. „Sie vertrauen ihm einen Auftrag an, machen es zu ihrem Stellvertreter, zur Verlängerung ihres Selbst." „Indem sie es fortschicken, halten sie es aber doch fest." Stierlin (1978, 66ff.) gibt dann einige Beispiele von Delegation. Ein Elternteil sucht sein Ich durch den Heranwachsenden zu stärken. „Es wird zur Aufgabe des Jugendlichen, ihm in seinem Kämpfen ohne Wanken ein treuer Verbündeter zu sein, ähnlich wie der mittelalterliche Vasall ohne zu wanken seinem Feudalherren dienen sollte." Eine andere Form der Delegation besteht darin, „lebenswichtige Informationen zu sammeln." „Man erwartet von dem Jugendlichen, daß er neue Lösungen für die Probleme und Konflikte seiner Eltern ausprobiert." „Schließlich gibt es den Auftrag, das Abwehrsystem eines Elternteils zu stützen." „Ein Delegierter, der einen Elternteil mit Nahrung für das Es zu versorgen hat (für den er etwa an Orgien teilnimmt, oder Haschisch raucht), kann etwa auch den Auftrag haben, dessen Angst, Schuldgefühle und Konflikte wegen der Existenz solcher Bedürfnisse zu erleichtern. Eine Erkrankung kann als Opferleistung des Kindes für seine Eltern und Familie angesehen werden, die dem anderen die seelische Gesundheit erst ermöglicht."

Manchmal ruhen auf dem Delegierten die bewußten oder unbewußten Wünsche der ganzen Familie. „Der Jugendliche trägt die Last der übersteigerten Ansprüche von Mutter oder Vater, Schauspieler, Wissenschaftler, Arzt, erfolgreicher Geschäftsmann etc. zu sein." Derartige Vermächtnisse können „über Generationen weitergereicht werden." Familientraditionen, die über die Delegation vermittelt werden, können zu bestimmenden Leitlinien des individuellen Lebens werden, von dem der Einzelne auch um den Preis aller Verluste nicht abgeht. Große Männer mit kaum erklärlichen

Gotttfried Benn — Chopin

Nicht sehr ergiebig im Gespräch, / Ansichten waren nicht seine Stärke, / Ansichten reden drum herum, / wenn Delacroix Theorien entwickelte, / wurde er unruhig, er seinerseits konnte / die Notturnos nicht begründen.

Schwacher Liebhaber; / Schatten in Nohant, / wo George Sands Kinder / keine erzieherischen Ratschläge / von ihm annahmen.

Brustkrank in jener Form / mit Blutungen und Narbenbildung, / die sich lange hinzieht; / stiller Tod im Gegensatz zu einem / mit Schmerzparoxysmen / oder durch Gewehrsalven: / man rückte den Flügel (Erard) an die Tür / und Delphine Potocka / sang ihm in der letzten Stunde / ein Veilchenlied.

Nach England reiste er mit drei Flügeln: / Pleyel, Erard, Broadwood, / spielte für zwanzig Guineen abends / eine Viertelstunde / bei Rotschilds, Wellingtons, im Strafford House / und vor zahllosen Hosenbändern; / verdunkelt von Müdigkeit und Todesnähe / kehrte er heim auf den Square d'Orléans.

Dann verbrennt er seine Skizzen / und Manuskripte, / nur keine Restbestände, Fragmente, Notizen, / diese verräterischen Einblicke – / sagte zum Schluß: / „Meine Versuche sind nach Maßgabe dessen vollendet, / was mir zu erreichen möglich war." –

(Gedichte, 1937–1947)

Der Dermatologe Dr. Gottfried Benn zeichnet das Bild eines tuberkulösen Asthenikers. Die Form der Krankheit wird beschrieben, auch das Ende des Komponisten. Benn hatte Kretschmers „Geniale Menschen" genau gelesen. Dieser nahm an, daß das Genie oft auf fragiler Konstitution, bei extremem Temperament aufblüht.

Schon mit dieser Ansicht entfernt sich Benn von der offiziellen Theorie des Nationalsozialismus, den er ganz kurz am Anfang begrüßt hatte. Das Gedicht trägt selbstbildhafte Züge (Verbrennen der Skizzen, keine verräterischen Einblicke). Man hört die Sehnsucht des Künstlers heraus, der sich in schrecklicher politischer Zeit danach sehnt, die eigne Persönlichkeit an ruhigem, geschütztem Ort zu entfalten.

Leistungen sind oft derartige Delegierte. Sowohl bedeutende und nützliche Leistungen als auch verderblichste, fast übermenschliche Taten sind aus der Delegation zu erklären. Stierlin (1975) untersucht die Delegationsphänomene in der Persönlichkeit Hitlers. Der pathologische Judenhaß sei auf ein Schlüsselerlebnis in seiner Jugend zurückzuführen. Ein jüdischer Arzt habe an Hitlers Mutter eine nutzlose und äußerst schmerzhafte Krebsbehandlung durchgeführt, die aber ihren schnellen Tod nicht aufhielt. Auch mit der Entfesselung des Zweiten Weltkrieges habe Hitler einen Delegationsauftrag schließlich ausgeführt, der ihm zunächst auferlegte, ausübender Künstler zu werden. Da er aber die Aufnahme in die Akademie nicht schaffte, inszenierte er schließlich den Zweiten Weltkrieg als wahrhaft infernalisches Gesamtkunstwerk mit Panzerangriffen, Sturzkampffliegern, Paraden.

Stierlin (1978; 215) unterscheidet ausgestoßene und gebundene Delegierte. Diese müssen Aufträge bewältigen, „die sie im emotionalen Spannungsfeld der Familie festhalten." Sie sind die aktiven, diejenigen, die die Welt bewegen. Hitler gehörte zu dieser Gruppe. „Weiter kann ein gebundener Delegierter beauftragt sein, das Leben eines früh verstorbenen Geschwisters weiterzuführen, und die von der Familie in dieses Geschwister gesetzten Erwartungen zu erfüllen." Die Gebrüder Kennedy gehören in diese Kategorie. Nach dem Tode des Ältesten, Josef, war sein nächster Bruder John an der Reihe, das höchste Amt im Staate unter größten Familienanstrengungen zu erreichen. Als er ebenso wie der nächstältere Bruder ermordet wurde, kam der Jüngste, Edward, an die Reihe. Seine Geschwisterkonstellation hätte ihn eher zu einer sorglosen und leichtfertigen Persönlichkeit geprägt. Doch dann wurden die Zwänge der Delegation lebensbestimmend. „Ausgestoßene Delegierte erleiden andersartige Überforderungen." Stierlin (1978; 216) fand solche Delegationen häufig bei Individuen, die an einem Krebsleiden erkrankten. Diese erlitten schon früh elterliche Kälte und Distanzierung und entwickeln sich zu niemals aufmuckenden, konformistischen Persönlichkeiten.

4. Soziales Umfeld

Unsere Betrachtungen begannen mit den groben Einteilungen, die die augenfälligen Unterschiede zwischen den Menschen in Kategorien fassen. Sie wendeten sich dann der näheren Umgebung zu, den familiären Umständen, die die persönliche Eigenart prägen. Jetzt gehen wir von der primären zur sekundären Sozialisation über: die weitere soziale Umgebung soll in ihrer Auswirkung auf die Persönlichkeit untersucht werden.

4.1 Soziale Schicht

Impotence and sodomy are socially o.k., but birth control is fragrantly middle class. Evelyn Waugh

In den USA, in den westlichen Industriestaaten Europas, aber auch in Jugoslawien, vermutlich auch in den Ostblockstaaten und wahrscheinlich in den Entwicklungsländern, läßt sich die Bevölkerung in drei Schichten einteilen: die Ober-, die Mittel- und die Unterschicht. Warner unterscheidet noch eine obere von der unteren Oberschicht, eine obere von der mittleren und unteren Mittelschicht und eine obere von der unteren Unterschicht.

Angehörige der oberen Oberschicht besitzen einen bekannten Namen, haben ihr Vermögen ererbt, verfügen meist über mehrere Wohnsitze. Die richtige Adresse lautet nach maßgeblicher englischer Ansicht etwa: Shinwell Hall, Salop. „Aber heute können nur wenige Gentlemen diesen Standard aufrechterhalten“ bedauert A. C. Ross (1956; 19) den Verfall der Sitten, „und wohnen in Häusern mit Non-U (nicht dem sprachlichen Standard der Oberklasse entsprechenden) Namen wie etwa ‚Fairmeads‘ oder ‚El Nido‘“. Oberschichtler stehen kaum unter Konkurrenzdruck, haben kein angespanntes Leistungsniveau. Zu schnellem Ausnützen von Vorteilen sind sie kaum angehalten. Sie können sich exzentrische Ansichten und außergewöhnliche, manchmal auch eher etwas altmodische Kleidung leisten. Auch alte, ja zerschlissene Röcke brauchen sie nicht zu stören. Understatement herrscht vor. Mit seinem Auto braucht sich der Angehörige der Oberschicht nicht zu identifizieren. Er bezieht es kaum in sein Selbstbild ein wie der kleine Mann, der am Samstag seinen Opel wienert. Schon der Kaiser Franz Josef I zeigte sich bei seiner ersten Autofahrt (in Bad Ischl mit König Edward III von England) unbeeindruckt. „Gstunken hats und gsehn hat man nichts." Sauberkeit und Neuigkeit der Kleidung sind eher die Ideale der unteren Schicht. Das Verhalten der Oberschicht braucht auf bürgerliche Vorschriften keine enge Rücksicht zu nehmen. Kinsey erwähnt schichtspezifische Mißverständnisse bei der eher seltenen Heirat von Frauen aus der Oberschicht (oder der oberen Mittelschicht) mit Männern aus niedrigeren Schichten. Unbefangen sind diese Frauen gewöhnt, völlig unbekleidet den Ehemann im Ehebett zu erwarten, ein schichtspezifisches Verhalten. Dieser aber mißdeutet manchmal diese Freiheit. In seinem Verhaltenscode behält die anständige Frau auch in dieser Situation einen wenn auch noch so spärlichen Kleidungsrest an, um den Dekor zu wahren. Das völlige Entkleiden war zur Zeit der Untersuchung für den Unterschichtenmann in den USA ein Zeichen sittlicher Verkommenheit. Er mißdeutete das schichtenspezifische Benehmen seiner Frau als Indiz für sexuelle Käuflichkeit. Denn so wie sie benehmen sich nach seiner Ansicht allenfalls Nutten.

In der Unterschicht wird im Durchschnitt die Sexualität häufiger betrieben als in den höheren Schichten, denen eine größere Auswahl an Freizeitbeschäftigungen zur Verfügung steht. Hier werden die (besonders bei Selbständigen oft kürzeren) Mußestunden mit so zeitraubenden Freuden wie Golfspiel, Bücherlesen oder Konzertbesuch ausgefüllt.

Die Angehörigen der unteren Oberschicht sind oft durch eigene Arbeit an die Spitze der Pyramide gekommen. An ihrem Geld klebt noch Schweiß. Ihr Benehmen ist weniger ungezwungen. Manchmal müssen sie sich und anderen noch beweisen, daß sie oben sind. Angeblich kommt der Begriff Snob aus dem englischen Erziehungswesen, in dem der reiche aber weniger etablierte Schüler ein Schild mit der Aufschrift ,,Sine nobilitate" an seiner Türe stehen hatte. Snobistisches Verhalten ist ein deutliches Abrücken von den

Standards der unteren Schichten, wenn man etwa neue Kleider dem Butler gibt zum Vortragen. Zieht man sie selbst an, sollen sie nicht mehr so neu wirken.

Die unteren Schichten versuchen in vielen Verhaltensweisen die Oberschichten zu kopieren. Das Putzen der Schuhe ist eine derartige Verhaltensnorm. Der Fußgänger entledigt sich des Stigmas Straßendreck an seinen Schuhen, um so wenigstens äußerlich dem reitenden Kavalier der Oberschicht zu gleichen, dessen Stiefel nicht beschmutzt waren. Auch gekämmtes Haar war ursprünglich ein Schichtmerkmal. Es zeigte an, daß das Haar noch vor kurzem durchgehechelt und damit von Läusen befreit worden war. Die Unterschichten konnten sich die Muße für derartige kosmetische Feinheiten kaum leisten. Heute ist langes, wallendes Haar oft ein Zeichen des Aussteigers, der damit zu erkennen geben will, daß er die hergebrachten Schichteinteilungen nicht mehr akzeptiert.

Die obere Mittelschicht bilden die erfolgreichen Akademikerfamilien, die tüchtigen Fachärzte mit Villa, Mercedes und Professorentitel, die hohen Beamten, Justizräte, Oberlandesgerichtspräsidenten, die Bergassessoren, Kommerzienräte, auch wohl viele Diplomaten. Die Leistungsmotivation der persönlichen Tüchtigkeit, die Betonung der Bildung, des Studiums, auch die Mitgliedschaft bei einer feinen Verbindung, die Beteiligung am Kulturleben, an einem feinen Sportclub (Reiten, Golf, allenfalls noch Tennis) wird wichtig, denn die gesellschaftliche Stellung und die damit verbundenen Privilegien sind vom persönlichen Erfolg abhängig und können kaum vererbt werden.

Der mittleren Mittelschicht gehören die Landärzte, die kleineren Apotheker, die örtlichen Honoratioren an.

Zur unteren Mittelschicht gehören die fleißigen ehrbaren Handwerker. Ihre Töchter sehen auf einen präzisen Ablauf männlichen Werbeverhaltens. Eine zu früh, etwa schon am zweiten Abend gewährte Vertraulichkeit könnte dem Verehrer schrecklicherweise suggerieren, sie benehme sich wie jemand aus der Unterschicht. Handwerker sind durch ihren Beruf geprägt. Sparsamkeit, Ordentlichkeit, Respekt vor Hierarchie sind Konstanten ihres Weltbildes.

Das Hobby-Werken kann in dieser Schicht zu einem wichtigen Selbstausdruck und zum Beitrag der Gestaltung der adäquaten Lebenswelt werden. Wer es versteht, eigenhändig sauber und auf

Paßform die richtige Tapete anzukleben ist ein anständiger Mensch.

Die obere Unterschicht tritt gern in Uniform auf. Post- und Bahnbeamte, die Zöllner und Grenzwachen gehören ihr gewöhnlich an. Handwerksmeister distanzieren sich deutlich von dieser Schicht.

Zur unteren Unterschicht gehören nur wenige, etwa Parkwächter, die in ihrem Äußeren das Uniformtragen kopieren, mindestens durch eine Schirmmütze, aber doch kein Recht auf eine richtige Uniform besitzen.

Eine resignative Haltung, ein geringes Vertrauen in die Umwelt ist für die Unterschicht typisch (Unterschichtenfatalismus). Mischel untersuchte Grundschulkinder in Trinidad und in Boston. Die feineren Kinder waren eher bereit, auf einen schnellen kleinen Gewinn zugunsten eines größeren späteren zu verzichten. Auch bei dem elterlichen Verhalten gegenüber den schulpflichtigen Kindern zeigen die Unterschichten eher eine Tendenz zu geringer Geduld und geringem Umweltvertrauen. Die Sprache der Unterschicht drückt diese naive Werthaltung in charakteristischer Weise aus. Bernstein bezeichnet die Sprechweise der Unterschicht als den restringierten Code.

Diese weniger differenzierte Sprache ist ein Spiegel der kargeren Umwelt, die weniger Spielraum, Anreiz und Stimulation bietet (geschlossener Lebensraum, Thomae), in der Sozialisation weniger Spielzeug, weniger Bücher (wenn überhaupt), die „Bild-Zeitung" statt der „Zeit", weniger Reisen, keine Fremdsprachen, kurz ein engerer Horizont, größere Gefahr von Vorurteilen. Der Erziehungsstil der Unterschicht setzt mehr auf körperliche Bestrafung als auf seelische Einwirkung durch Liebesentzug. („Wenn Du das tust, ist Deine Mutti traurig" ist eher ein Satz aus der Mittelschicht). Mittelklasse-Eltern neigen dazu, „ihr Kind dann zu bestrafen, wenn es die Vase aus Wut vom Tisch gefegt hat, und die Vase wie durch ein Wunder heil blieb, während die Unterklasse-Eltern ihrem Kind eine Tracht Prügel verabfolgen, wenn die Vase aus Versehen herunterfiel, jedoch in tausend Scherben zerbrach" (Herrmann 1969; 362) „Mittelklasse-Familien sind möglicherweise toleranter gegenüber kindlichen Aggressionen, sexuellen Spielereien und Verstößen gegenüber der bloßen äußeren Ordnung des familiären Zusammenlebens."

Im übrigen ändern sich die Normen der Schichten im Laufe der Zeit. Einmal in der Art, daß Lebensformen der Oberschicht allmählich absinken. Ein Beispiel für derartiges gesunkenes Kulturgut sind die in den Alpenländern von den Bauern getragenen ledernen Kniebundhosen. Sie entsprachen im Schnitt der höfischen Mode des 18. Jh. Manchmal steigen aber Sitten und Gebräuche unterer Schichten auf der sozialen Leiter nach oben. So gehört das plebejische Duzen heute zum allgemeinen Umgangston der Studenten. (Freilich hat man sich auch im k.u.k. Offizierskorps geduzt: Du, Herr Oberst!, freilich ist das Du auch aristokratisch: Bist Du ein Prinz, bist Du ein Graf, oder wie heißen Sie? Aber diese Formen des Duzens waren sicher nicht das Vorbild). Auch die ursprünglich eher von der Unterschicht konsumierten Zigarettenmarken Roth-Händle und Gauloises erfreuen sich jetzt bei Intellektuellen einer gewissen Beliebtheit. Mühlmann hat diese Imitation von Verhaltensweisen der Unterprivilegierten „Identifikation mit dem Paria" genannt.

Normenwechsel im Sinne des „gesunkenen Kulturgutes" finden wir auch in der Sexualerziehung. Die strengere Erziehung war 1946 noch ein Vorzug der Mittelklassen gegenüber der ungezogenen Unterklasse. Im Zuge von Kinsey und Kolle aber kehrten sich im folgenden Jahrzehnt die Verhaltensweisen um. Es galt als fortschrittlicher, aufgeklärter (und entsprach damit eher dem Stil der Mittelklasse), den Kindern auf diesem Gebiete die größte Freiheit einzuräumen, während es die Unterklasse inzwischen gelernt hatte, unnötige oder ostentative Nacktheit, Doktorspiele und Onanie in der Erziehung strenger zu ahnden (Davis u. Havighurst 1946, Bronfenbrenner 1961).

Typischerweise unterscheidet sich das Verhalten oberer Schichten von dem der unteren auch durch schlichtes Unterlassen. „Schweigen ist die einzig mögliche U-Antwort in manchen unerquicklichen modernen Situationen: etwa das Rufen von Prosit vor dem Trinken." (Nancy Mitford) (Oder das unsägliche Wünschen von „Gutem Appetit" vor dem Essen.). Die Unsicherheit der Unterklasse auf dem Parkett der höheren Schichten führt oft zu Verlegenheiten, die durch wichtigtuerisches Verhalten überdeckt werden sollen. Verräterisch wirkt dann ein Smoking am falschen Ort oder der unangemessene Gebrauch von Anführungszeichen. Die Kargheit als Stilideal der Oberschichten ist von der Königin Victoria im England des 19. Jh. betont worden.

Abbildung 13: August Sander, Bauersfrau aus dem Hohen Venn, 1934

Sander ist wohl der bedeutendste deutsche Portraitfotograf unseres Jahrhunderts. Die erste Fotografie gelang Daguerre und Nièpce 1838, eine Architekturansicht. 1840 folgen die ersten Aufnahmen von Personen. Die Fotografie versucht, das Biedermeierportrait durch „unnachahmliche Treue“ (Humboldt) zu ersetzen.

4.2 Rasse

Ein Thema, das viele Tabus berührt. Doch gibt es offensichtlich Rassenunterschiede, nicht nur im Aussehen, sondern auch im Verhalten, möglicherweise auch in den Begabungen.

Strittig ist aber vor allem die Abgrenzung der Rassen untereinander und die Genese der Rassenunterschiede. Über dieser Kontroverse sind Erhebungen über tatsächlich vorhandene Verschiedenheiten zu kurz gekommen.

Der Göttinger Anthropologe Blumenbach teilte 1775 die Menschenrassen nach ihrer Hautfarbe ein. Er unterschied die kaukasische Rasse (weiß), die mongolische (gelb), die äthiopische (schwarz), die malaysische (braun), und die amerikanische (rot). Noch nach dem Zweiten Weltkrieg mußte der Fremde den US-Behörden seine Rasse angeben, als Weißer hatte man Caucasian auszufüllen.

Die Hautfarbe ist zwar ein sehr auffälliges Merkmal, aber allein kein hinreichend differenzierendes Charakteristikum. So sind die hamitischen Bewohner Äthiopiens zwar dunkelhäutig aber keine

---

Fotografie und Biedermeier-Realismus sind beides Techniken der rationalen Weltbemächtigung; das Wesen der Wirklichkeit wird durch Anschauung ihrer sichtbaren Erscheinung begriffen. (U. Peters, 1979; 66) Die Biedermeiermaler schaffen „einen ästhethischen" Moment, „in dem die Zeit kurz gestoppt erscheint, um alles darin Vorgefundene genauer betrachten zu können". „Dem entspricht eine eigentümliche Starre", die diese Malerei mit den ersten Portraitfotografien teilt. „Mit der Kamera glaubt man, ein Instrument in der Hand zu haben, um den Fluß der Zeit zu unterbrechen, das Vergängliche festzuhalten, dem Flüchtigen Dauer zu verleihen." (Rotzler, 1974; 10) Hier scheint das neue technische Medium den Menschheitstraum zu verwirklichen, der schon den ersten Portraits in den ägyptischen Gräbern zugrunde lag.

Doch sind bei der Fotografie noch zwei weitere Gesichtspunkte maßgebend. Einmal ein demokratischer. Jetzt kann auch der kleine Mann, der sich ein gemaltes Portrait nicht leisten kann, seine Eigenart genau festhalten. Die Bäuerin ist zwar nicht in ihrem Sonntagsstaat verewigt, doch sind ihre Kleider sauber und geordnet, das Haar ist gekämmt, die Hände sind ruhig und sittsam und gelassen gefaltet. Sie strahlt Würde und freundliches Selbstbewußtsein aus. Die Fotografie wird damit zweitens eine Unterstützung zur Aufrechterhaltung des eigenen Selbstbildes. Mit Fotografien, die man vorzeigt, will man oft Eindruck auf den Betrachter erzielen.

Neger, ihnen fehlen die negroiden Merkmale wie Kraushaar und breite Lippen. Auch im Verhalten heben sich diese härteren, weniger offenen Menschen mit schmalen Lippen von Negern ab. Angesichts dieser Unsicherheiten arteten die Rassenlehren meist zu subjektiven Einteilungssysteme in Gute und Böse aus. Die Welt wurde in Himmel und Hölle eingeteilt, in eine Gruppe, der man alles positive zuschrieb und in eine Art Schattengruppe, eine Bevölkerung von Hintergängern. Eine tiefenpsychologische Interpretation erklärt diese Rassenlehren wohl am besten.

Als besonders unheilvoll erwies sich die national-sozialistische Doktrin. Sie stellte als Leitbild die „nordische Rasse" heraus, als Gegentyp die „jüdische Rasse". Über viele der damaligen als wissenschaftlich deklarierten Ausführungen können wir heute nur noch den Kopf schütteln. Zunächst zur nordischen Rasse: H.F.K. Günther (1923) schreibt über das „nordische Auge", es vermöge zu strahlen. Nach Cäsar konnten die Gallier den „wilden Blick" der Germanen nicht aushalten. Im Nibelungenlied heiße es von Hagens Augen: Eslich sin gesihene. Und bei Wagner: Der gleißende Wurm glänzt ihm im Auge. Der gestraffte nordische Körper entspreche der idealen Haltung aller Sportler und Militärs: „Brust raus, Bauch rein!"

Blond seien die Angehörigen dieser nordischen Rasse. Nun ist die Blondheit ein komplexes Phänomen. Sie ist zwar unter anderem ein Rassenmerkmal, aber auch ein Domestikations-Merkmal (Blessen bei Haustieren) und ein Jugendmerkmal (blonde Kinder). Hellere Haut gilt auch in Japan als vornehm. Vorurteile, uralte Stereotype trüben das Auge der Forscher. Innerhalb der europäischen Rassen habe die nordische die geringste Hautausdünstung, meint Günther. Hier geraten wir in das Gebiet des Ethnozentrismus, diese Haltung kann Fremde nicht riechen. Den Unfug von der Rassenreinheit der Germanen hat Tacitus in die Welt gesetzt, als er die Zustände Roms seiner Zeit tadeln wollte und ein fernes Leitbild suchte, um es seinen Landsleuten vorzuhalten.

Vollends zur abscheulichen Karikatur geriet dann der Gegentyp. Der Jude sei „kurzbeinig, schmalbrüstig, die Beine wadenlos, häufig krummbeinig, plattfüßig", er habe einen eigenartig „wehmütigen Zug um die Beine". Die Judennase sei allerdings nur bei neun Prozent der Juden zu finden, dafür aber ein „schweres Oberlid" höher sitzende abstehende Ohren, „Moritzohren". Der jüdische Hautgeruch werde „meistens als süßlich bezeichnet". Die Bewegungsweise sei „unsoldatisch“. Beim Laufen halte der Jude die Oberarme am Körper. Bei Jüdinnen finde man eine typische Verwischung der Weiblichkeit. Es fehle die weibliche Passivität, die Hemmungen psychosomatischer Impulse, wodurch sich das Überwiegen der Jüdinnen unter politischen Anführerinnen erkläre. Besonders peinlich sind die Ausführungen von E.R. Jensch (1938) über den Auflösungstyp, dem die Juden zuzurechnen seien. Er entstehe im Großstadtmilieu, leide oft an Tuberkulose. Inhalte, die nicht zusammengehörten, würden miteinander in Verbindung gebracht. Synästhesien und „Fehlen einer heroischen Haltung“ sei festzustellen und schließlich horribile dictu: extremer Liberalismus als politischer und biologischer Tatbestand.

Bei aller Färbung durch den Zeitgeist gelangen dagegen dem Ansatz von L.F. Clauß (1925) einige interessante Beobachtungen.

Er unterscheidet bei 6 Rassen (Norde, Dale-Fale, Mediterrane, Turane oder Oste, Wüstenländischer Beduine, Vorderasiate) verschiedene Stiltypen des Erlebens.

Der Norde sei (wie könnte es anders sein) der zielgeordnete Leistungstyp, der heroische Mensch. Die vorstoßenden Linien seines Gesichtes verrieten die Haltung eines Menschen, der immer bereit sei zum gestaltenden Vorstoß in die Welt. Er bleibe auch im Dienen ein Herr und frei. Persönliche Dienstbeflissenheit eigne ihm nicht, und sein Brotherr habe keinerlei persönliche Macht über ihn. Der Gegenstand des Gespräches werde ins Auge gefaßt. Hell sei die Haut, hell das Auge. Das nordische Haar wirke gewichtslos, und wenn der Wind hineinfahre, „steht es auf wie eine helle Flamme.“

Der Dale sei der Verharrungstyp. In seiner erdhaften Schwere stehe er da, wie eingewurzelt. „Wenn ein solcher Mann geht, ist jeder Schritt wie ein Losreißen von der Erde.“ Der Hals sei kurz, die Schultern breit und gerade. Sein Hof ist seine Festung. In jedem Beruf, den er ergreifen mag, „bleibt er im Grund ein Bauer“. Die Umwelt werde immer als Boden erlebt.

Der Mediterrange hingegen sei der Darbietungstyp, die Welt werde als Bühne erlebt, die der Selbstdarstellung diene. Die Mitmenschen würden als Publikum verstanden, das Ich als der Spieler. Die Lebenserfüllung werde im Gefallenwollen als Beglückenwollen erlebt. Der repräsentative Typ sei der „Mann, von dem man spricht“. Sein oberster Lebenswert sei das Sichauszeichnen, die Ehrung in der Gesellschaft.

Der Turane (Oste) erlebe die Umwelt als Daseinskapsel, als begrenzende Höhle. Seine Augen können Stunden um Stunden glimmen, man weiß nicht, ob sie wirklich blicken. Der Mitmensch ist ihm Genosse, Nachbar. Der repräsentative Typ sei der Rentner, der geruhsam seinen Besitz genieße.

Für den wüstenländischen Beduinen sei die Umwelt der Raum des unendlichen Schweifens. Der oberste Lebenswert sei das Sich-Treiben-Lassen (Kismet), der Gipfel der Lebenserfahrung der Raubzug (die Razzia).

Der Vorderasiat sei der Erlösungstyp, der Asket, der die Weltüberwindung und die Überwindung des Fleisches anstrebe.

Wir spüren in diesen Beobachtungen den Zeitkolorit und nehmen sie nicht mehr so ganz ernst. Aber womöglich werden spätere Generationen mit den heutigen Ergebnissen ähnlich umgehen und ein auf der Faktorenanalyse aufbauendes Modell der Persönlichkeitsbeschreibung, wie etwa das von Cattell, als leicht exotisch empfinden.

Die heutige Diskussion reduziert das Thema auf einen engen (und sicher weniger interessanten) Punkt, auf die Erklärung der Intelligenzunterschiede zwischen Schwarzen und Weißen in den USA.

In einer Reihe von Untersuchungen hatte sich seit Beginn der Intelligenzmessungen gezeigt, daß amerikanische Neger schlechter abschneiden als Weiße. (Petermann 1935). Zuerst war dies bei den Tests der amerikanischen Armee aufgefallen. Selbst als man den Sprachanteil dieser Tests eliminierte, der im Army-α noch groß war, blieb der Unterschied im Army-β-Test bestehen. Jensen (1969) konnte feststellen, daß die Unterschiede bei sprachfreien Tests sogar noch größer waren.

Zunächst konnte man die Ergebnisse durch die Milieutheorie interpretieren: was Wunder, daß die unterdrückten, ausgebeuteten Neger schlechter abschnitten! Würde man ihnen nur Chancengleichheit gewähren, schon sähe die Sache anders aus.

Ein unglücklicher Streit, ob es angeborene Intelligenz gebe, hob an. Die Ergebnisse deuten darauf hin (Bodmer und Cavalli-Sforza 1970, Eysenck 1973). Marjoribanks (1972) versucht, den Anteil der Umwelt prozentual festzuhalten. Bei Rechenfähigkeit betrage er 34%, bei sprachlicher Fähigkeit 25% und nur noch 12% bei schlußfolgerndem Denken. Da sich bei allen menschlichen Verhaltensweisen Anlage und Umwelt verschränken (Konvergenztheorie von W. Stern) ist die Auseinandersetzung wenig fruchtbar. Aber die Pädagogen fühlten sich persönlich angegriffen. Wenn die Intelligenz ohnehin angeboren ist, dann sind die Künste der Erzieher nicht mehr so hoch zu bewerten. Die Allmachtphantasie der neuen Edukations- und Kommunikationselite wurde erschüttert. Dabei ist immer darauf hinzuweisen, daß der Intelligenztest ein Instrument dieser westlichen von Weißen getragenen Kultur ist. Es ist nicht zu verwundern, daß Schwarze da schlechter abschneiden. Vielleicht sähe es anders aus, wenn Fähigkeiten beurteilt würden, in denen der Schwarze dem Weißen überlegen ist.

Welche Gebiete das sein könnten, das läßt sich allenfalls ahnen. Sie sind sicher nicht im Bereich der rationalen Unterwerfung der Welt zu finden. Den afrikanischen Kulturen fehlen drei wesentliche Merkmale, mit denen sich die Weißen (und die Gelben) die Welt untertan machten: Schrift, Rad, sowie Zug-, Last- und Arbeitstiere. Schwarze Kulturen sehen die Welt nicht aus der gesammelten überschaubaren Zentralperspektive (Serpell 1976). Wir bewundern dagegen ihre musikalischen und auch plastischen Leistungen. Die afrikanische Proportion hat die moderne Plastik stark beeinflußt. Wieweit im Jazz afrikanische Elemente zu finden sind, ist umstritten. Er ist eher eine besondere Mischung europäischer und afrikanischer Elemente (Berendt 1981), wie wohl die großen Leistungen eher aus Mischung, aus gegenseitiger Beeinflussung von Rassen, Kulturen, Schichten zu erklären sind.

4.3 Nationalcharakter

> *Das Wort Preußen hatte nicht allein eine geographische Bedeutung, es bezeichnete ein Wesen von bestimmtem Gepräge und Charakter.* L. v. Ranke

Wenn eine junge Dame eine Verabredung mit einem Dänen hat, erwartet sie von ihrem Partner vermutlich etwas andere Verhaltensweisen als bei einem Rendenz-vous mit einem Sizilianer. Nun ist man zwar geneigt, so auftretende Verhaltensweisen und Differenzen allein sozial-psychologisch zu erklären. Doch gehört der

Winston Churchill Hindenburg

Hindenburg! Der Name als solcher ist massiv. –

Sein Leben war das eines Soldaten und seine Jugend eine Vorbereitung auf den Waffendienst. Er focht als Subalterner in allen Schlachten, durch die Bismarck die unzerstörbare Macht des deutschen Volkes begründete, das nach Jahrhunderten kleinlicher Querelen schließlich auf das eindrucksvollste vereint wurde. Anno 1866 focht er gegen Österreich zu Königsgrätz. Anno 1870 focht er gegen Frankreich. Mit unerschrockenem Tritt marschierte er die blutigen Abhänge von St. Privat hinauf, Grab der preußischen Leibgarde. Die Hälfte des Garderegimentes, zu dem er gehörte, fiel. Er focht bei Sedan. Als er den riesigen Kreis preußischer Batterien sah, die auf die zum Untergang geweihten Franzosen feuerten, bemerkte er mit Vergnügen: „Auch Napoleon kocht in diesem Kessel."

Er liebte die alte Welt Preußens. Er lebte in der Tradition Friedrichs des Großen. Toujours en vedette, wie es bei den deutschen Militärs heißt. Er blieb im „guten alten Geist von Potsdam"; die Offiziersklasse war arm, einfach, aber sie verfolgte mit loyaler Treue ihre Ehre und widmete ihre ganze Existenz dem König und dem Vaterland; eine Klasse, die die Aristokratie und die rechtmäßigen Autoritäten zutiefst achtete; eine Klasse, die allem Wechsel feindlich gegenüber stand. Hindenburg hatte von der modernen Wissenschaft und Zivilisation nichts zu lernen außer neuen Waffen; keine Lebensregel außer die der Pflicht; keine Ambitionen außer der Größe des Vaterlandes. –

Hindenburg war (auf Ludendorff) nicht eifersüchtig. Er war nicht kleinlich, er war nicht pingelig. Er übernahm die Verantwortung für alles, was sein brillanter viel jüngerer Untergebener sich ausdachte und durchführte. Es gab Momente, in denen die Nerven Ludendorffs flatterten und in diesen Momenten hielt ihn die einfache, feste Kraft Hindenburgs aufrecht. –

In der letzten Phase sehen wir den alten Präsidenten, wie er alle seine Wähler verrät, die ihn wiedergewählt hatten und wie er widerwillig und mit Verachtung dem Nazi-Führer die Hand reicht.

Es gibt hierfür eine Entschuldigung – Hindenburg war senil geworden. –

Wir können sicher sein, daß dieser berühmte Veteran kein anderes Motiv als Vaterlandsliebe hatte und daß er sein bestes gab zu einem Zeitpunkt, da er mit seiner abnehmenden geistigen Kraft Probleme zu lösen hatte, die vorher keinem Herrschenden gestellt worden waren.

(Great Contemporaries, 1937)

Churchills Charakterbilder sind von besonderem Interesse, weil sie nicht von einem unbeteiligten Wissenschaftler stammen, auch nicht von einem Statisten der politischen Bühne, sondern von einem ihrer hauptsächlichen Akteure. Er hatte die Großen seiner Zeit persönlich getroffen. G.B. Shaw bei einem Lunch, das seine Mutter gab, Sir John French, den Oberbefehlshaber der britischen Streitkräfte im Burenkrieg, als er dort Presseberichterstatter war, König Alfonso XIII beim Polo und mit Douglas Haig, dem Führer der britischen Truppen der großen Schlachten Ende des ersten Weltkrieges, hatte er die letzte große Kavallerie-Attacke bei Omdurman im Mahdiaufstand zusammen geritten.

Dem Staatsmann geht es um Einschätzung seines Gegenübers. Wie wird er reagieren, was hat er vor, wie gefährlich ist er, welche Motive bewegen ihn? Um diese Fragen zu beantworten, beobachtet er ihn im persönlichen Umgang, hört seine Reden, liest seine Bücher, untersucht seine Herkunft und seinen Lebensweg. Churchill zieht im einzelnen Fall sogar die Hilfe der Grafologie heran (bei der schönen Schrift von Herbert Asquith). Bei Hindenburg erfaßt er gut dessen athletische Temperamentseigenschaften, die ihm als Heerführer zugute kamen, und das Selbstverständnis des preußischen Offiziers.

Umstand, ob ich Italiener oder Deutscher bin, sicher auch zu meiner Persönlichkeit. Der prägende Einfluß der Nationalität läßt sich bis in physiologische Grenzbereiche nachweisen. In der Schriftdruckwaage sind Österreicher im Durchschnitt weniger zackig als Norddeutsche.

Es gibt drei umfassende Ansätze, die kulturellen Unterschiede zwischen Völkern zu erklären.

Eine frühe Theorie des Nationalcharakters stammt aus dem Corpus Hippocraticum. Die Eigenart der nördlichen Völker wurde mit dem dort herrschenden unwirtlichen Klima erklärt. Ebenso wie in nördlichen Breiten Tiere und Pflanzen etwa wilder wachsen so auch die Völker, die sich durch Kriegslust und Unberechenbarkeit auszeichnen. Aristoteles (Politik) schätzt die nördlichen Völker als weniger intelligent, aber als kriegerischer ein.

Zu Beginn des 20. Jahrhunderts versuchte Max Weber (1904) menschliche Verhaltensweisen, vor allem auch wirtschaftliches Handeln, aus religiösen Überzeugungen abzuleiten. Insbesondere der Calvinismus führe fast zwangsläufig zu kapitalistischen Wirtschaftsformen. Weber ist der große Antipode des Marxismus, der umgekehrt alle Handlungsweisen, auch die religiösen Überzeugungen, als eine Folge der materiellen Bedingungen sieht.

Sowohl nach katholischer wie lutherischer Überzeugung hängt das ewige Leben eher von der Gnade Gottes ab und vom Opfer Christi, der für die armen Sünder gekreuzigt worden ist. Nicht so im Calvinismus. Da zeigt sich schon in diesem Leben, ob der einzelne zu den Erwählten gehört oder nicht. Das Kriterium ist vor allem der wirtschaftliche Erfolg. Die in diesem Leben schon Erwählten zeichnen sich auch durch das Christenlächeln aus, eine Eigenart, die nach Hellpach (1951) bei den Bewohnern kapitalistischer Länder, insbesondere in den Vereinigten Staaten von Amerika zu einer physiognomischen Besonderheit, zu einer mundwinkelumkreisenden Falte geführt habe. Reichtum, Wohlstand ist nicht nur eine erfreuliche Erleichterung des Lebens, schon gar nicht Gefahr für das Seelenheil, sondern ein sichtbares Zeichen Gottes für den Auserwählten. Der Reichtum ist ein mons pietatis, ein Berg der Frömmigkeit, Geldverdienen, Sparen, das Ansammeln von Kapital gehört zur „innerweltlichen Askese". Der einzelne ist ganz auf sich gestellt, leistungsorientiert, und im Gelingen erkennt er, daß Gottes Segen auf ihm liegt. Hofstätter (1957) sieht auch im Behaviorismus Nachklänge calvinistischer Überzeugungen. Auch hier wird bei den Untersuchungen die Innerlichkeit, in unserem Falle die Introspektion, die innerlichen Erlebnisse abgelehnt.

Nur das äußerlich Sichtbare gilt: Kapital, facts and figures. Weber untersucht auch die ideologischen Grundlagen außereuropäischer Wirtschaftssysteme. Es ist offensichtlich, daß fatalistische Religionen kaum zu großen individuellen Wirtschaftsleistungen anspornen. Doch läßt die Überzeugung des islamischen Kriegers, beim Heldentod im Krieg gegen die Ungläubigen unmittelbar ins Paradies aufgenommen zu werden, den Gläubigen umso tapferer kämpfen.

Der dritte Ansatz stellt die Leistungsmotivation in den Mittelpunkt. McClelland (1961) zeigt, daß die nationalen Aspirationen oft familiären Zielsetzungen entsprechen. Bestimmte Familienmilieus spornen die einzelnen Mitglieder zu höheren Leistungen an, dies kommt schließlich dem Staat zugute. Die protestantischen Mittelklassen sind leistungsorientierter als die Unterklassen. Wichtig ist die Erziehung zur Unabhängigkeit (Heckhausen 1965).

Heute scheint es sich vor allem um einen Gegensatz zwischen industrialisierten und weniger entwickelten Völkern zu handeln. Atkinson fand Unterschiede in der Literatur verschiedener Völker.

Vor großen historischen Epochen stieg die Betonung der Leistung in der nationalen Literatur. Auch in der Vasenmalerei glaubt Atkinson die Spannung, Sammlung und Anstrengung wiederzufinden, die einer großen nationalen Leistung vorausgeht.

Auch das Verhältnis zur Zeit prägt die Angehörigen eines Volkes. Die ursprüngliche auch heute noch auftretende Auffassung der Naturvölker ist ein zyklisches Zeitbewußtsein: Die ewige Wiederkehr des Gleichen. Die indische Auffassung ist von einem Bewußtsein so riesiger Zeiträume geprägt, daß es nicht sehr sinnvoll ist, in der kleinen Spanne des Menschenlebens Entscheidendes zu unternehmen. Naturvölker passen sich in den zyklischen Rhythmus der Zeit ein und denken nicht daran, durch zu umfangreichen Abschuß die Tierbestände zu gefährden. „Bei Homer finden wir eine fast völlige Indifferenz gegenüber der Zeit.“ „Die Darstellung zieht mit gelassenen aber immer förderndem Marschschritt in Tagereisen dahin. Die Gefilde der Zeit umgeben sie gleichförmig und gleichgültig und wesenlos, wie wenn eine Kolonne durch breite, offene, weglose Steppe wandert.“ „Der Tag ist ein durchsichtiges Gefäß für den Inhalt, von dem er seine Farbe erhält.“ (Fränkel 1955; 1, 5, 6)

Die Auffassung der gerichteten Zeit kommt zusammen mit den großen Erlösungsreligionen auf. Nun ist die Rede von einem nahen Ende der Zeit, es dämmert ein Zeitalter der Rastlosigkeit. Augustinus hat die biblische Auffassung einer gerichteten Zeit mit einem Jüngsten Gericht zum abendländischen Bewußtsein einer mehr oder minder zielstrebigen Geschichte systematisiert. Diese historische Grundfigur wird dann von der Aufklärung und vom Marxismus aufgegriffen. Seither sieht sich der gebildete Europäer in einem stetigen aufwärtsführenden Zeitstrom. Per aspera ad astra, From rags to riches, Du mußt steigen oder fallen, Hammer oder Amboß sein, sind Maximen der europäischen Zeitauffassung, die den außereuropäischen Kulturen weitgehend fremd ist. Auch das marxistische Bewußtsein, auf der Seite der Revolution, also im richtigen Strom der Zeit zu stehen – und nicht auf Seiten der Konterrevolution, die sich nutzlos gegen diesen Strom stemmt – entspringt der Auffassung einer gerichteten Zeit. Erst unter dem Einfluß des Calvinismus entstand aber das verschärfte kapitalistische Zeitbewußtsein, das in dem Satz „Time is money“ (Zeit ist Geld) gipfelt. Heute leben Nationen nebeneinander, die mit Zehn-

Vladimir Nabokov — John Francis Shade

Ich war ein Kind, als meine Eltern starben.

Ornithologen beide. So oft versuchte ich / Sie zu beschwören, daß ich heute / Tausend Eltern habe. Traurig gehen sie / In ihren eignen Tugenden auf, verflüchtigen sich, / Doch manche Wörter, Zufallswörter, die ich höre / Oder lese wie „herzkrank" meinen immer ihn, / Und „Krebs der Pankreas" weist stets auf sie.

Präterist: ein Mensch, der kalte Nester sucht. / Hier lag mein Schlafzimmer, jetzt Gästen vorbehalten. / Hier lauschte ich, vom Dienstmädchen aus Kanada / Zu Bett gebracht, dem Stimmwirrwarr dort unten – betend, / Daß jedermann gesund stets bleiben möge, / Onkel und Tanten, die Zofe wie auch deren Nichte / Adele, die den Papst gesehen, Leute aus Büchern, und Gott.

Erzogen wurde ich von der lieben bizarren Tante Maud, / Malerin und Dichterin mit einem Hang / Zu realistischen Objekten, eng verflochten / Mit groteskem Wuchern, Untergangsvisionen. / Sie hörte noch das nächste Baby schreien. Ihr Zimmer / Haben wir so gelassen. Sein Kleinkram schafft / Ein Stilleben nach ihrer Art: der Briefbeschwerer / Aus konvexem Glas umschließt eine Lagune. / Beim Index offen liegt die Sammlung der Gedichte (Mond, / Mondaufgang, Moor, Moral) verlorene Gitarre, / Ein Schädel; und aus dem Lokalblatt eine Kuriosität: „Red Sox schlagen Yanks 5:4." / „Auf Chapmans Homer", an die Tür gepinnt. –

Der normale Grobian, behaupte ich, / Ist glücklicher. Er sieht die Milchstraße nur, / Wenn er sein Wasser läßt. Damals wie heute / Ging ich auf eigene Gefahr: gepeitscht vom Astwerk, / vom Baumstumpf zu Fall gebracht. Asthmatisch, dick und lahm, / Hab nie einen Ball ich geprellt oder Schläger geschwungen. –

Es gab in meiner irren Jugend eine Zeit, da glaubte ich / Aus irgendeinem Grunde ständig, daß die Wahrheit / Über das Weiterleben nach dem Tode jedem / Bekannt war: einzig ich war unwissend, und eine Verschwörung großen Stils / Von Büchern und von Menschen verbarg die Wahrheit mir.

(Pale Fire, 1962)

Die Charakterbeschreibung eines Introvertierten mit leicht paranoidem Einschlag. (Eine Verschwörung der übrigen Menschen hält ihm eine wichtige Lebensweisheit vor).

In der amerikanischen Wirklichkeit ist der Extravertierte, (der nur unter genau beschriebenen Umständen zu den Sternen emporblickt) besser dran. Diese Wirklichkeit mit ihren Trivialitäten geht in das Selbstbildnis des Collegeprofessors ein, der seine einzige Tochter durch Selbstmord verliert, weil diese bei einem Rendezvous von einem Studenten sitzengelassen worden ist. Bei aller Kulturkritik erkennt Nabokov, daß diese bizarre moderne Welt Teil unserer Persönlichkeit geworden ist. Sowohl die medizinischen Begriffe (Pankreaskrebs) wie die Bilder aus den Reiseprospekten (der gläserne Briefbeschwerer umschließt eine Lagune) gehen in unsere eigene Welt ein wie Personen aus der Vergangenheit (Zofen sind selten geworden). Es entsteht eine Mischung aus klassischen Gedichten (auf Champmans Homer) und Sportresultaten (Red Soxs Yanks 5:4).

---

telsekunden rechnen (eine von Sportveranstaltungen im Fernsehen neuerdings eingeführte Unterteilung) und solchen, die als kleinste relevante Zeiteinheit die Viertelstunde kennen. Auch in Europa hatten die Kirchturmuhren ursprünglich keine Minutenzeiger. Nordamerikaner wundern sich, wenn ein Lateinamerikaner verspricht, etwas „mañana" zu erledigen, daß er dies kaum am folgenden Tage tut. Auch in der Pünktlichkeit gibt es nationale Unterschiede. Bei Naturvölkern ohne Uhren trifft man sich etwa zu der Zeit, „wenn die Kühe gemolken werden" (Evans-Pritchard). Halbstündige Wartezeiten sind unter diesen Umständen wohl das normale. Während es im Süden unseres Vaterlandes geradezu als unhöflich gelten kann, auf die Minute präsent zu sein (der Partner könnte sich schließlich noch in letzten Vorbereitungen befinden), galt in Preußen als pünktlich, wer zehn Minuten vor der Zeit zur Stelle war.

Ein anderer möglicher Faktor bei der Entstehung nationaler Eigentümlichkeiten ist die Bevölkerungsdichte. Zuckerman (1932) konnte bei Pavianen zeigen, daß Übervölkerung (Crowding) zu Aggressionen und verändertem Sexualverhalten führte. Dieses wurde nur noch flüchtig, häufiger und nicht mehr mit dem Ziele der Erzeugung von Nachkommen durchgeführt. Auch bei Menschen treten offensichtlich in sehr dicht bevölkerten Gebieten häufiger aggressive, unfreundliche, oberflächliche, gehetzte Verhaltensweisen auf. In dünn besiedelten Gebieten sieht man im Mitmenschen öfter eine Bereicherung der Umwelt und betrachtet ihn weniger als lästigen Teil einer bedrückenden Masse.

Auch die Größe eines Landes drückt sich mitunter im Nationalcharakter aus. Brasilianer und U.S.Amerikaner imponieren oft durch

Großzügigkeit, raumgreifende Motorik, manchmal Großspurigkeit (Think big!). Bewohner von Kleinstaaten haben ein anderes Selbstgefühl, das sich vom Stolz (klein aber fein) über Kleinlichkeit und Genauigkeit bis zum Selbstmitleid ausdehnen kann.

Nun sind offensichtlich nicht alle Amerikaner großspurig, nicht alle Schweizer kleinlich. Trotzdem unterscheidet sich offenbar der jeweilige Nationalcharakter. Um mit dieser Schwierigkeit fertig zu werden, führen einige Forscher neue Begriffe ein. Kardiner (1945) spricht von der Basis-Persönlichkeit (basic personality), Linton (1945) von der Modal-Persönlichkeit (modal personality). Damit soll auf einige wichtige Persönlichkeitsmerkmale abgehoben werden, die bei den Mitgliedern einer Kultur besonders häufig angetroffen werden, oder (darwinistisch) die den Mitgliedern erlauben, sich gegen andere zu behaupten, ihre ökologische Nische zu finden, angenehm zu leben.

Im Anschluß an Freud versuchten nun psychoanalytisch orientierte Forscher in den von Kultur zu Kultur verschiedenen Sozialisationspraktiken, in der kulturspezifischen Familiendynamik den Schlüssel für die unterschiedlichen Basis-Persönlichkeiten zu finden. Zunächst wurde es üblich, Naturvölker – sei es in der Südsee, seien es Indianer im südlichen Teil der USA – zu untersuchen. „Im ethnologischen Vergleich ergeben sich hier tatsächlich immer wieder die markantesten Eindrücke. Den Arapesh (Neuguinea) werden Charakterzüge wie Friedfertigkeit, Großzügigkeit und Bereitschaft zur Zusammenarbeit – trotz ärmlicher Lebensbedingungen – zugeschrieben. Ähnliche Verhaltensweisen zeigen in ähnlich bedrängten ökonomischen Verhältnissen die Pitchenteras (Zentral-Australien). In beiden Stämmen besteht die Gepflogenheit, die Säuglinge häufig und mit Hingabe zu stillen – sobald das Kind schreit, wird es aufgenommen –, die Zeit des Abstillens, der Entwöhnung tritt sehr spät ein.“ (Thomae 1968; 533) Bei den Hopi-Indianern (Arizona, USA) wächst das kleine Kind „während des ersten Lebensjahres ganz in der Nähe der Mutter auf ... wird gestillt, so oft es will, wird vor jedem störenden Reiz behütet.“ „Die Züge der Erwachsenenpersönlichkeit bei diesem Indianerstamm aber seien durch Ausgeglichenheit, Ruhe, Bereitschaft zur Zusammenarbeit aber auch durch seelische Differenziertheit und Komplexität zu umschreiben.“

„Auf der anderen Seite entwickeln die Mundugumor, ein Kopfjägerstamm aus Neuguinea, sehr aggressive und intolerante Züge. Man bringt dies mit der sehr wenig fürsorglichen Ernährung und Behandlung der Säuglinge bei diesem Stamm in Zusammenhang. Das gleiche gilt für die Einwohner der Pazifik-Insel Alor, einem Stamm, bei dem der wirtschaftliche Unterhalt vor allem durch die Arbeit der Frauen getragen wird." (Thomae 1968; 533)

Auch der Charakter der tapferen Prairie-Indianer, Vorbilder unserer Jugendgeschichten (Ein Indianer kennt keinen Schmerz), ist ebenso wie der der Spartaner durch eine eher frustrierende Sozialisation zu erklären.

Whiting und Child (1953) verglichen systematisch Pflege- und Erziehungsgewohnheiten bei 75 Völkern und Stämmen. Völker, die früh und abrupt abstillen, also orale Angst erzeugen, erklären viel häufiger Krankheiten durch Vergiftung von Speisen, durch Verfluchen und Verwünschen als solche Völker, die ihre Kinder sanft entwöhnen.

Aber auch auf die Industrienationen wurde die psychoanalytische Charakterdeutung angewendet, vor allem während des zweiten Weltkrieges auf die Kriegsgegner Deutschland und Japan. Die besondere Zurückhaltung und Vorsichtigkeit der Japaner, ihre fast verklemmt wirkende Höflichkeit, ihre eingeschränkte, gehemmte Motorik wird als Gewöhnung an die Leichtkonstruktion des japanischen Hauses in der Sozialisation gedeutet. Stößt ein europäisches Kind mit Gewalt gegen eine Mauer oder einen Pfosten, so holt es sich eine Beule. Die Eltern können dem Geschehen einigermaßen mit Ruhe zusehen und dem pädagogischen Prinzip der Selbsterfahrung trauen. Nicht so die Japaner: Ein Kind konnte hier durch eine heftige Bewegung wenn nicht das Haus zum Einsturz bringen, so doch die glühenden Kohlen im Heizbecken umstoßen und somit das ganze Stadtviertel in die Gefahr des Abbrennens bringen. Was Wunder, wenn die Motorik des heranwachsenden Japaners diszipliniert wurde! Den passiven Charakter der Russen, die über weite Strecken der Geschichte mehr als andere Völker zu erdulden bereit waren, erklärt Gorer (1950) als Folge der Wickelbrettmethode. Um Säuglinge ruhig zu halten, wurden sie im alten Rußland oft mit den Windeln auf ein Brett gebunden, so daß sie sich kaum noch bewegen konnten.

Der deutsche Nationalcharakter wurde von Schaffner (1948) als eine Folge der autoritären deutschen Erziehung gedeutet, in der der Vater dominierte, der Wirkungskreis der Frau aber auf die drei großen K (Kinder, Küche, Kirche) beschränkt blieb.

Gregory Bateson (1972; 88ff.) führt zur Erklärung des Nationalcharakters den Begriff der Schismogenese ein. Schon männliches Verhalten und weibliches Verhalten ließen sich nicht unabhängig voneinander erklären. Das eine sei die Antwort auf das andere. Ähnlich auch bei Völkern, die von den Grenzen und den jeweiligen Nachbarn in einem gegenseitigen Sich-Hochschaukeln geprägt würden. So beeinflußte der Streit um das Elsaß sowohl das französische wie das deutsche Nationalgefühl. Überhaupt ist die heutige Verschiedenheit der beiden Nationen, die sich beide aus dem Frankenreich entwickelt haben, auch dadurch zu erklären, daß der eine immer das Gegenteil dessen tat, was der andere tat, und dies vor allem deswegen, weil es der andere tat.

Eine verschiedene Rollenverteilung im Eltern-Kind-Verhältnis bei Amerikanern und Engländern macht Bateson für unterschiedliche Verhaltensmuster verantwortlich. Im englischen System würden die Eltern sowohl Dominanz wie Exhibitionismus im Umgang mit ihren Kindern zeigen. Der Engländer fühle sich am Frühstückstisch in der Rolle des Schauspielers. Die Kinder hätten zuzusehen, ob ihnen das Stück nun behage oder nicht. They can take it or leave it. Anders bei den Amerikanern. Hier werde das Kind ermuntert, die Rolle des Schauspielers (und nicht selten des Clowns) zu übernehmen. „Das amerikanische Kind wird von seinen Eltern ermutigt, seine Unabhängigkeit zur Schau zu stellen." Aus den verschiedenen Rollenverteilungen im Sozialisationsprozeß erkläre sich sowohl die typische englische „Arroganz" wie das typisch amerikanische Aufschneiden und Großsprechen.

Globale Theorien des Nationalcharakters sind vor allem während des 2. Weltkrieges entwickelt worden, manchmal als Kampfbeitrag der Sozialwissenschaftler zur Stärkung der Kriegsmoral. Der britische Historiker Toynbee erklärt den praktischen Zug bei den Amerikanern aus dem Umstand, daß jede Familie, die heute in den USA lebt, irgendeinmal im Laufe der Geschichte das gesamte Hab und Gut zusammenpacken und in ein Schiff verladen mußte. Die dadurch notwendige Besinnung auf das Notwendigste und Praktischste sei den Bewohnern der neuen Welt als Grunderfahrung

Abbildung 14: Diane Arbus, (New York 1923–1971, Selbstmord) Ein junger Mann und seine Freundin mit Hot Dogs im Park. New York 1971

Diane Arbus stammte aus einer wohlhabenden jüdischen Familie und begann als Modefotografin. Ab 1958 benutzte sie die Kamera zu soziologischen Studien. In ihrer Hand wird die Fotografie zu einem Instrument der Entlarvung. Auf den ersten Blick demaskiert sie die Abgebildeten. Sie würde damit einer aufklärerischen Tradition folgen, die in der Malerei Goyas ihren Höhepunkt findet, der die Hohlheit und Dummheit Ferdinands VII. in den Hofportraits bloßstellt.

Aber Diane Arbus ist auf Seite der Dargestellten. Ihre Botschaft ist kritisch. Was ist das für eine Welt, in der es derartige Menschen gibt?

---

geblieben. Sie drückt sich heute in der großen vertikalen Mobilität aus, der Bereitschaft, in neue Gegenden ohne viel Federlesens umzuziehen. Gorer (1948) findet in den USA eine Mentalität der

Wiedergeburt. Die Besonderheit der amerikanischen Nationalität bestehe darin, daß sie für die Familie immer das Produkt einer Wahl sei. Während die europäischen Völker mehr oder minder schicksalhaft ergeben die Umstände ihrer Heimat hingenommen hätten, seien die Amerikaner ausgewandert. Sie hätten damit das Schicksal in die eigenen Hände genommen. Eine optimistische Überzeugung der Veränderbarkeit der Zustände, ein pragmatischer Sinn sei das Erbstück eines mutigen Entschlusses der Vorväter.

Und noch ein zweiter historischer Umstand wird zur Erklärung des amerikanischen Nationalcharakters herangezogen: the frontier, die Grenze, die in hartem Kampf immer weiter nach Westen verschoben wurde (Turner 1921). Die Mentalität des Wilden Westens sei für viele Amerikaner zum Leitbild geworden und jeder amerikanische Mann sehe sich noch irgendwie als Cowboy. Toynbee weist darauf hin, daß sich gerade die Völker, die unter schwierigen äußeren Bedingungen leben mußten, ins Buch der Geschichte eingeschrieben haben: Preußen und Yankees mit kräftigeren Lettern als die Südstaatler oder Bayern, die in angenehmen Gegenden lebend, etwas besseres zu tun hatten als gerade Geschichte zu machen. Toynbees Erklärungsschema ist das von challenge und response (Herausforderung und Antwort). Lattimore (1962) sieht auch in der chinesischen Geschichte und in der chinesischen Mentalität als ein prägendes Thema die Abhängigkeit von der nördlichen Grenze gegen die kriegerischen barbarischen Reitervölker. Die heute noch ins Auge fallende Antwort des ostasiatischen Bauernvolkes auf diese Herausforderung war der Bau der Großen Mauer.

Für die historischen Faktoren beim Aufbau des Nationalcharakters hat sich die naturwissenschaftlich orientierte Psychologie kaum interessiert. Deswegen nur einige sporadische Hinweise: Das auffällige Mißtrauen der Italiener in staatliche Institutionen (im Gegensatz zu den anderen europäischen Völkern) wird mit dem Fehlen einer historischen Erfahrung, nämlich der mittelalterlichen Institution der Vasallentreue erklärt. In den anderen europäischen Ländern hätten die Einwohner gelernt, daß es günstig und nützlich ist, den eigenen Schutz einer stärkeren Macht anzuvertrauen, daß zwischen Schützer und Beschütztem ein für beide Teile vorteilhaftes Treueverhältnis entsteht. Auf dieser gewachsenen Loyalität habe die europäische Staatlichkeit aufbauen können, die brave Steuerzahler, gehorsame und vertrauensvolle Bürger brauche, die sich bei einer Bedrohung der Polizei anvertrauen und damit gegenüber Erpressungen einer Mafia gefeit sind.

Über die Nützlichkeit von Revolutionen läßt sich streiten. Jedenfalls aber unterscheidet sich das Nationalbewußtsein von Staaten, die die Revolution in ihre Ideologie aufgenommen haben von den eher revolutionsfeindlichen. Die Deutschen erhalten ihr Selbstbewußtsein eher durch die verläßliche Aufrechterhaltung von Ruhe und Ordnung (vgl. Maier 1980). Man schätzt hierzulande kaum „Zustände wie im alten Rom“ oder gar „polnische Wirtschaft“. Bei den Franzosen ist hingegen das Bewußtsein der Revolution von 1789 noch lebendig. Ein Anflug von Anarchie entspricht nach dieser Auffassung der Menschenwürde. Auch die UdSSR baut ihr Selbstbewußtsein aus einer Revolution auf, das jedoch als eine Art Feigenblatt die eher konservative bis reaktionäre Wirklichkeit verdeckt.

Von dem Franzosen Renan stammt die Definition der Nation als eines täglichen Plebiszits. Zu einer Nation muß man sich bekennen, wenn man ihr angehören will. Nationalität ist nicht so sehr abhängig von Geburt und Herkunft, sondern von Gesinnung und Selbstbild. Dieses besitzt bei den Deutschen einen besonders komplexen und interessanten Aufbau. Am Beginn steht das Autostereotyp eines Kolonialvolkes. Ganz ähnlich wie die Inder oder die Algerier konnten die Germanen erst in gedanklichen Kategorien und auch erst in der Sprache eines Kolonialherren zu sich selbst finden. Und fast wie selbstverständlich übernahmen sie die Wertungen und Vorurteile des kulturell Überlegenen. Diese Introjektion eines Fremdbildes übernahm dessen zwiespältige Struktur. Einmal die (törichte) Ansicht von der Reinheit des Blutes, der Reinheit der Sitten, von der Reinheit der Frauen, zum anderen das Stereotyp eines nicht nur unzivilisierten, sondern geradezu neurotischen Volkes. Der von der psychoanalytisch beeinflußten Frankfurter Schule wiederaufgenommene Topos vom „schizophrenic Germany“, der in der englischen Propaganda des ersten Weltkrieges verwendet wurde, hat seinen Ursprung in der antiken Auffassung vom furor Germanicus. Mitscherlichs deutsches Selbstbild einer vaterlosen Gesellschaft mit ihrer Unfähigkeit zu trauern ist die moderne Fortsetzung einer intellektuell gepflegten Außenseiterrolle. Bisweilen sahen die Deutschen (auch dies ein römisches Stereotyp) in den Germanen ihre alleinigen Vorfahren (ein Volk, das wenn es

Heinrich Böll Leni

Weibliche Trägerin der Handlung in der ersten Abteilung ist eine Frau von achtundvierzig Jahren, Deutsche; sie ist 1,71 groß, wiegt 68,8 kg (in Hauskleidung), liegt also nur 300–400 Gramm unter dem Idealgewicht; sie hat zwischen Dunkelblau und Schwarz changierende Augen, leicht ergrautes, sehr dichtes blondes Haar, das lose herabhängt; glatt, helmartig umgibt es ihren Kopf. Die Frau heißt Leni Pfeiffer, ist eine geborene Gruyten, sie hat zweiundzwanzig Jahre lang, mit Unterbrechungen versteht sich, jenem merkwürdigen Prozeß unterlegen, den man den Arbeitsprozeß nennt: fünf Jahre lang als ungelernte Hilfskraft im Büro ihres Vaters, siebenundzwanzig Jahre als ungelernte Gärtnereiarbeiterin. –

Leni ist eine der ganz seltenen Frauen ihres Alters, die es sich leisten könnte, einen Minirock zu tragen: ihre Beine und Schenkel zeigen weder Änderung noch Erschlaffung. Doch Leni hält sich an eine Rocklänge, die ungefähr im Jahr 1942 Mode war, das liegt zum größten Teil daran, daß sie immer noch ihre alten Röcke trägt, Jacken und Blusen bevorzugt, weil ihr angesichts ihrer Brust (mit einer gewissen Berechtigung) Pullover zu aufdringlich erscheinen. –

Sogar die Kinder in der Nachbarschaft, mit denen sie bisher auf freundschaftlichem Fuß stand, werden gegen sie aufgehetzt und rufen ihr Worte nach, die weder sie noch Leni so recht verstehen. Dabei kann hier nach ausführlichen und ausgiebigen, aber auch die letzte und allerletzte Quelle über Leni erschöpfenden Zeugenaussagen festgestellt werden, daß Leni in ihrem bisherigen Leben mit an Sicherheit grenzender Wahrscheinlichkeit im ganzen wahrscheinlich zwei dutzendmal einem Mann beigewohnt hat: zweimal dem ihr später angetrauten Alois Pfeiffer (einmal vor, einmal während der Ehe, die insgesamt drei Tage gedauert hat) und die restlichen Male einem zweiten Mann, den sie sogar geheiratet hätte, wenn die Zeitumstände es erlaubt hätten. –

Lenis Wandschmuck besteht aus exakten Farbfotos mit Abbildungen der Organe des menschlichen Körpers ... Auch minder betrachtete Organe wie die menschlichen Gedärme schmücken Lenis Wände, und nicht einmal die menschlichen Geschlechtsorgane mit exakter Beschreibung ihrer sämtlichen Funktionen fehlen als vergrößerter tabulierter Wandschmuck, und sie hingen schon bei Leni, lange bevor die Pornotheologie sie populär machte. –

Zu Lenis Leidenschaften gehören nun nicht nur die acht täglichen Zigaretten, eine intensive, wenn auch durch Mäßigung bestimmte, Eßlust, das Spielen zweier Klavierstücke von Schubert, sondern auch das entzückte Betrachten der Abbildungen menschlicher Organe. –

Sie absolvierte, nachdem sie zweimal nicht gerade sitzengeblieben, sondern „freiwillig zurückversetzt“ worden war, die Volksschule mit der vierten Klasse und einem leidlichen, reichlich interpolierten Zeugnis. –

Es kann hier nur angedeutet werden, was möglicherweise im Laufe des Berichts bewiesen wird: daß Leni ein verkanntes Genie der Sinnlichkeit ist! Leider lief sie lange Zeit unter einer Kategorie, die so bequem ist, daß sie gern verwendet wird: dumme Pute.

(Gruppenbild mit Dame, 1974)

Bisher war uns aufgefallen, daß die Dichter (und auch die bildenden Künstler) Erkenntnisse der wissenschaftlichen Psychologie vorweg nahmen. Antonello da Messina erkannte die Wirkung des verhängten Auges Jahrhunderte vor Philipp Lersch. Auch haben wir gesehen, daß die Methoden der Wissenschaft von denen der schönen Künste so verschieden nicht sind. Eine so gute Versuchsanordnung wie Gottfried Kellers Eßsituation zwischen Bruder und Schwester finden wir in der experimentellen Literatur selten.

Jetzt müssen wir feststellen, daß die schönen Künste nicht nur auf der Seite des Gebenden stehen, sondern auch auf der des Empfängers. Wir sehen die Wissenschaft nicht nur als Nachhut der Kunst, sondern erkennen eine wechselseitige Befruchtung.

Böll lehnt sich an den Jargon der Sozialforschung an, parodiert ihn wohl manchmal. Die Angabe einer Abweichung vom Durchschnitt (300–400 g unter dem Idealgewicht) ist nur in einem Zeitalter möglich, das von Statistik durchtränkt ist. Eine Angabe der Koitushäufigkeit ist in der früheren Literatur allenfalls in Predigten zu finden (Ratschläge Luthers). Sie interessierte darüber hinaus wohl weniger. Erst durch den Kinsey-Report wurde eine derartige Zahl romanfähig.

Böll führt im späteren Verlaufe des Romans sogar ein psychologisches Gutachten ein. Bisweilen scheint sich Böll auch an Freuds Lehren vom sexuellen Charakter anzulehnen. Auch der anale Charakter tritt im Roman in Gestalt der Schwester Rahel auf. „. . . außerdem hatte sie eine Pflicht“, heißt es von ihr, „die von allen anderen Schwestern als ekelhaft, als unzumutbar empfunden, von Schwester Rahel aber geradezu mit Begeisterung und mit liebevoller Aufmerksamkeit ausgeübt wurde: die Begutachtung der jugendlichen Verdauung in fester wie in flüssiger Form. Die Mädchen waren verpflichtet, ihre Verdauungsprodukte nicht ins Unsichtbare hinein abzuziehen, bevor Rahel sie begutachtet hatte. Sie tat das, bei den 14jährigen Mädchen, die in ihrer Obhut standen, mit einer ruhigen diagnostischen Sicherheit, die die Mädchen verblüffte.“

als eine Einheit überhaupt existiert hat, uns doch nur durch römische Augen zugänglich ist), bisweilen sahen sie sich ähnlich wie die Franzosen, Engländer oder Spanier als eine römisch-germanisch-gallische Mischkultur. Die Franzosen, ebenfalls das Produkt des Einfalles der Franken in römisches Gebiet, identifizierten sich offiziell viel rückhaltloser mit den Römern. Die verdrängte Identifikation mit den Galliern kommt höchstens in der Subkultur (etwa in den Asterix-Comics) zum Zuge. Der deutsche Minderwertigkeitskomplex wurde zu Beginn des 19. Jahrhunderts mit dem Versuch einer Identifikation mit den Griechen (Hölderlin) überspielt. Das unausgewogene und eher zaghafte Nationalgefühl der Deutschen ist jedenfalls nicht nur das Ergebnis zweier verlorener Weltkriege (Koch-Hillebrecht 1977).

Auch in der Sprache verdichtet sich der Nationalcharakter. Einmal gibt es Schlüsselwörter, die wie in einem Brennspiegel die Besonderheit eines Volksgeistes dokumentieren und in andere Sprachen kaum übersetzbar sind. Ein deutsches Beispiel ist das Wort „Gemütlichkeit", das sich kaum ins Englische oder Französische übersetzen läßt. (Allerdings ins Norwegische: in den kalten Winternächten ist es in einem warmen Raum „hygeli", auch als Deutscher erkennt man die anheimelnde Wirkung dieses sympathischen Wortes). Dann: Innigkeit, Stimmung, Heimweh, Erlebnis (Wandruszka 1969, 1979). Fair play ist ein Gebot der englischen Erziehung, die den Zögling dazu anhält, bei Fußball, Tennis oder Golf auch dann nicht zu mogeln, wenn es der Schiedsrichter nicht sehen kann. Will man im Deutschen den entsprechenden Sinn vermitteln, bedient man sich des englischen Fremdwortes. Ein underdog ist kein „Unterhund". Auch das italienische Brio, das Allegro oder gar das Allegretto ist ins Deutsche kaum ohne Rest übersetzbar. Typisch französisch sind esprit, goût, raffinement, nuance, verve.

Stärker als einzelne Wörter wirkt der Aufbau der Sprache auf unser Denken ein, wie dies Wilhelm v. Humboldt im letzten Jahrhundert und in unserem der amerikanische Forscher Whorf betonten, der sich mit der völlig verschiedenen Hopi-Sprache beschäftigt hat. Der normale Satz besteht in den indogermanischen Sprachen aus Subjekt, Prädikat und Objekt. Der Hund beißt das Kind. Jemand tut etwas mit einem anderen. Diese Sprachen vermitteln durch ihre Grundstruktur ein aktivistisches Weltbild im Gegensatz zu anderen Sprachen, die Sätze vom Typus „Es schneit" bevorzugen. (Wo es dann wenig sinnvoll ist zu fragen, wer schneit wen?) Es liegt auf der Hand, daß die den Handelnden heraushebenden, das Handeln akzentuierenden Sprachen den sich ihrer bedienenden Menschen eher für die moderne Leistungsgesellschaft konditionieren als andere Sprachtypen.

5. Schluß: Die Grenzen der Persönlichkeitspsychologie

Ziel der Persönlichkeitspsychologie ist es, die Eigenart eines Menschen zu erforschen. Dadurch soll er verstanden werden, soll sogar sein Verhalten vorausgesagt werden. Dieser Ansatz hat kaum Sinn

1. bei einem völligen oder weitgehenden Mangel an Variation der Verhaltensweisen (hier herrscht dann die allgemeine Psychologie),

2. wenn bei einem Menschen eine zu große Variation der Verhaltensweisen auftritt, so daß es nicht mehr möglich ist, irgendwelche Wiederholungen oder gar Gesetzmäßigkeiten festzustellen.

Die Variation fehlt den einfachen Reaktionsweisen im Verhaltensrepertoire des Menschen, etwa bei den niederen Formen der Motorik. Beim Zurückzucken der Hand vor einem glühenden Ofen, beim durch einen Luftstoß hervorgerufenen Lidschlag gibt es kaum persönlichkeitsspezifische Unterschiede. Insofern sind die Lieblingsgebiete vieler psychologischer Untersuchungen ganz ungeeignet, individuelle Differenzen festzustellen. Sinnvolle Ergebnisse verspricht nur der Ansatz bei höheren, komplizierterten Verhaltensweisen, in der Motorik also bei Sprung, Wurf oder Stoß. Offenheit der Situation, Spielraum sind die Vorbedingungen aller Erhebungen in unserer Disziplin.

Auch in den instinktiven Abläufen gleichen sich die Menschen wie ein Ei dem anderen. Essen und Trinken, Urinieren, Sexual- und Fluchtverhalten und Defäkation spielen sich in aller Welt ganz ähnlich ab. Dem Einwand des Altertumskenners, daß schon Herodot auf die von den Griechen verschiedenen Gebräuche der Ägypter hingewiesen hätte (Frauen stehend, Männer sitzend), ist mit dem Hinweis auf die Verlaufsgestalt zu begegnen. Bei den homöostatischen Bedürfnissen nimmt die Variationsbreite während des Ablaufs ständig ab. Plastisch sind die Einleitungsphasen. Unendlich groß sind die Entfaltungsmöglichkeiten bei der Essenszubereitung. Sobald ich aber das Essen im Mund habe, kann ich es eigentlich nur noch runterschlucken (vielleicht noch ausspucken, auch Differenzierungen der Kaudauer und -intensivität sind noch denkbar). Sehr vielfältig sind die Anfänge einer sexuellen Beziehung. Auch bei ihr engt sich der Verhaltensspielraum ein, je näher das Geschehen der Endhandlung zustrebt. Die Klage junger Damen, alle Männer wollten nur das eine, hat die Struktur der hier besprochenen Verhältnisse erkannt. Die stetige Einschränkung der Variationsmöglichkeit wird im Entscheidungsprozeß durchaus als ein Point of no return (Bartlett) erlebt, der Punkt, nach dessen Überschreitung weder eine Umkehr noch eine weitere Variantenwahl möglich ist (wie bei Caesar, als er den Rubikon überschritten hatte). Verführer versuchen ihren Opfern klarzumachen, daß im Augenblick, in dem diese stutzen, der kritische Punkt schon überschritten sei, so daß es jetzt kein Zurück mehr gebe. Verführte sehen in dieser Einschränkung ihrer Wahl- und Entscheidungsmöglichkeiten oft mit Recht eine Nichtachtung ihrer Persönlichkeit. Leider schränken Psychologen ihre Vpn. oft ähnlich ein wie böse Verführer.

Der Entfaltungsspielraum des Menschen wird oft durch die Situation begrenzt. „Kann Dir die Hand nicht reichen, dieweil ich eben lad'". Kein Wohlmeinender wird hier dem guten Kameraden Hartherzigkeit, Gefühlskälte, Introversion oder sonstige Charaktereigenschaften vorwerfen. Meine Persönlichkeit kann noch so außergewöhnlich sein, in vielen Fällen wird das Verhalten weitgehend von der Situation determiniert. Professoren auf dem Wege zur Vorlesung, eine Braut auf dem Wege zum Standesamt befinden sich in einer Situation, die einem Zuge in seinem Gleise ähnelt. Es geht eigentlich nur noch geradeaus, jede Störung ist unwillkommen und die weiteren Verhaltensweisen vorgeformt.

Price und Bouffard (1974) ließen die Angemessenheit von Verhaltensweisen in bestimmten Situationen einschätzen und kamen dabei u.a. zu dem Ergebnis das in der Tabelle auf der folgenden Seite dargestellt ist (zit. nach Angleitner 1980; 264f.).

Auch die zu große Variationsbreite menschlichen Verhaltens ist ein ernstes Problem der Forschung. Individuum est ineffabile. Du siehst die Weste, nicht das Herz! Immer wieder wird darauf hingewiesen, daß die Besonderheit des Einzelnen nicht zugänglich ist. Vielleicht sollte die Wissenschaft gar nicht versuchen, diesem Principium individuationis bis ins Letzte nachzuforschen.

	reden	weinen	küssen	rülpsen
Kirche	3.29	3.13	2.38	1.42
Klassenzimmer	6.21	2.21	2.10	1.77
Bar	8.25	3.44	5.17	5.04
Toilette	7.25	4.79	2.81	5.12

(Die Tabelle zeigt den Durchschnitt der Ergebnisse. 0 = Das Verhalten ist äußerst unangemessen – 9 = äußerst angemessen – in dieser Situation)

Zum Abschluß ein Plädoyer für einen Mittelweg. Persönlichkeitsforschung wird dann am sinnvollsten, wenn sie weder an den simpelsten menschlichen Verhaltensweisen ansetzt noch sich zum Ziel macht, in die letzten Geheimnisse der Individualität einzudringen.

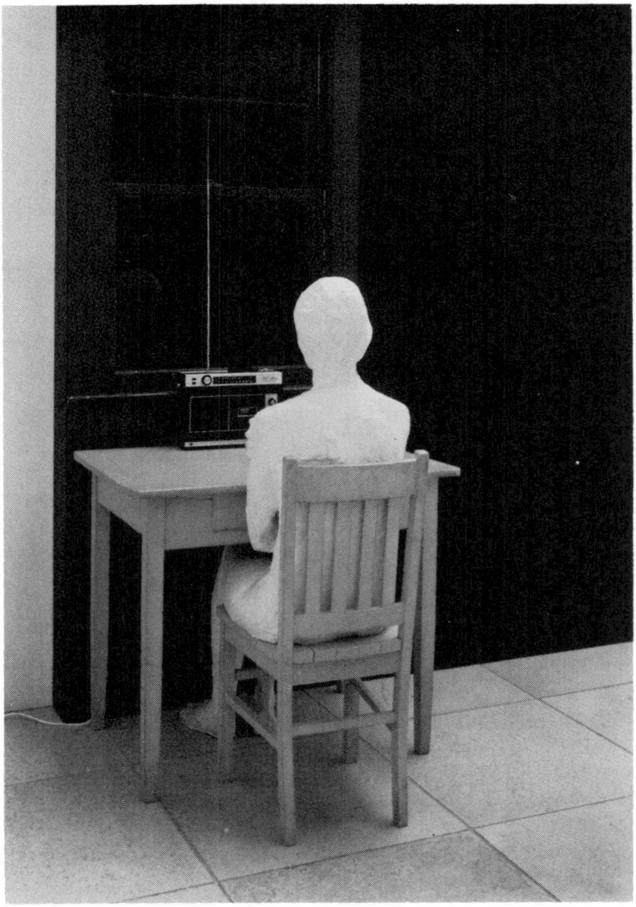

Abbildung 15: George Segal, Alice, ihre Musik und Gedichte hörend, 1970
Die Anonymität des Massenmenschen. Segal stattet Alice nicht mehr mit portraithaften Zügen aus. Sie ist weiß und gesichtslos, anonym wie jeder andere Mensch. Auch bei vielen anderen modernen Künstlern können wir die Portraitierten nicht mehr erkennen. Besonders in der Pop-Art wird die Situation des einzelnen in der Konsumgesellschaft gezeichnet. Dieser verliert seine Identität; von seiner Arbeit entfremdet und von den wichtigen Ereignissen und Entscheidungen ausgeschlossen, wird er Teil einer Hörerschaft, einer Seher- und Konsumentenschaft.

Der Kreis schließt sich. Die Individualität, die der Mensch nach einer unvorstellbar langen Vorgeschichte vor 4500 Jahren beginnend endlich in Stufen erreichte, droht in den modernen Zeiten wieder verloren zu gehen.

Literatur

Adler, A 1958 Menschenkenntnis. 2.A. Leipzig
Adorno, Th. W. et al. 1950 The authoritarian personality. New York
Allport, G.W. 1937 Personality. New York
Allport, G.W. u. Odbert, H.S. 1936 Trait names: a psycho-lexical study. Psychol. monogr. 47
Altheim, F. 1929 Persona. Arch. Religionswiss. 27
Anastasi, A. 1958 Differential psychology. 3.A. New York
Angleitner, A. 1980 Einführung in die Persönlichkeitspsychologie I. Bern
Ariès, Ph. 1975 Geschichte der Kindheit. Frankfurt
Arnold, W. 1957 Person, Charakter, Persönlichkeit. Göttingen
Asch, S.E. 1946 Forming impressions of personality. J. abnor. soc. psychol. 41
Atkinson, J.W. (ed.) 1958 Motives in fantasy, action, and society. Princeton, N.J.
Ausubel, D.P. 1958 Theory and problems of child development. New York

Bachofen, J.J. 1943ff. Mutterrecht und Urreligion. Ges. W. Basel
Bally, G. 1944 Vom Ursprung und von den Grenzen der Freiheit. Eine Deutung des Spiels bei Tier und Mensch. Basel
Bandura, A. u. Walters, R.H. 1963 Social learning and personality development. New York
Bannister, D. 1966 Psychology as an exercise in paradox. Bul. Brit. psychol. society 19
Barker, R.G. (ed.) 1963 The stream of behavior. New York
Barker, R.G. u. Wright, H.F. 1951 One boy's day. New York
Barker, R.G. u. Wright, H.F. 1955 Midwest and it's children. New York
Bartlett, Sir F. 1932 Remembering.Cambridge
Bateson, G. 1972 Steps to an ecology of mind. New York
Benedict, R. 1934 Patterns of culture. Boston
Berendt, J.E. 1981 Das große Jazzbuch. Frankfurt
Berger, P.L. u. Luckmann, Th. 1971 The social construction of reality. Harmondsworth
Berlyne, D.E. 1960 Conflict, arousal, and curiosity. New York
Berne, E. 1967 Spiele der Erwachsenen. Reinbek
Binswanger, L. 1960 Melancholie und Manie. Pfullingen
Binswanger, L. 1963 Grundformen und Erkenntnis menschlichen Daseins. 2.A. Zürich
Binswanger, L. 1965 Wahn. Beitrag zu seiner phänomenologischen und daseinsanalytischen Erforschung. Pfullingen
Bischof, N. 1981 Aristoteles, Galilei, Kurt Lewin und die Folgen. Bericht 23. Kongr. dt. Gesellsch. Psychol.

Bloch, E. 1973 Das Prinzip Hoffnung. Frankfurt
Bloch, P. 1980 Das Bild des Menschen im Mittelalter: Herrscherbild – Grabbild – Stifterbild. In: Waetzoldt
Blöschl, L. 1974 Grundlagen und Methoden der Verhaltenstherapie. 4.A. Bern
Bloom, B.S. 1964 Stability and change in human characteristics. New York
Bodmer, W. u. Cavalli-Sforza, L.L. 1970 Intelligence and race. Scientific American
Boszormenyi-Nagy, I. 1973 Invisible loyalties. New York
Brandstätter, H., Schuler, H. u. Stocker-Kreichgauer, G. 1974 Psychologie der Person. Stuttgart
Broeck, J.O. 1967 National character in the perspective of cultural geography. Ann. Americ. acad. political soc. sci. 370
Bronfenbrenner, U. 1958 Socialization and social class through time and space. In: Maccoby, E.E. et al. (eds.) Readings in social psychology. New York
Brown, R. u. Herrnstein, R. 1975 Psychology. New York
Bruner, J.S. 1956 A cognitive theory of personality. Contemp. psychol 1
Bruner, J.S. et al. 1956 A study of thinking. New York
Bruner, J.S. u. Postmann, L. 1947 Emotional selectivity in perception and reaction. J. Personality 47
Burckhardt, J. 1869 Die Kultur der Renaissance in Italien. Ges. W. 3 Basel 1955
Bühler, Ch. 1933 Der menschliche Lebenslauf als psychologisches Problem. 2.A. Göttingen 1959
Bühler, Ch. 1969 Psychologie im Leben unserer Zeit. München
Bühler, Ch. 1972 Wenn das Leben gelingen soll. München
Bühler, K. 1907, 1908 Tatsachen und Probleme zu einer Psychologie der Denkvorgänge. Arch. ges. Psychol. 9,12
Buschor, E. 1960 Das Portrait. Bildniswege und Bildnisstufen in fünf Jahrhunderten. München
Buytendijk, F.J.J. 1953 Die Frau. Natur, Erscheinung, Dasein. Köln

Cassirer, E. 1923–31 Philosophie der symbolischen Formen. 4 Bde. Berlin
Cassirer, E. 1927 Individuum und Kosmos in der Philosophie der Renaissance. Berlin
Cattell, R.B. 1950 Personality: a systematic, theoretical, and factual study. New York
Cattell, R.B. 1957 Personality and motivation. Yonkers on Hudson
Cattell, R.B. 1959 Foundations of personality measurement theory in multivariate experiment. In: Bass, B.M. u. Berg, I.A., Objective approaches to personality assessment. New York
Cattell, R.B. 1965 The scientific analysis of personality. Harmondsworth
Chastel, A. u. Klein, R. 1963 Die Welt des Humanismus. München
Christian, P. 1952 Das Personenverständnis im modernen medizinischen Denken. Tübingen
Christoffel, H. 1954 Trieb und Kultur. Basel

Clauß, L.F. 1925 Rasse und Seele. München
Cohen, R. 1969 Systematische Tendenzen bei Persönlichkeitsbeurteilungen. Bern
Comte, A. 1836 Cours de philosophie positive. Paris
Conrad, K. 1941 Der Konstitutionstyp als genetisches Problem. Berlin
Cox, C.M. 1926 The early traits of 300 geniuses. Stanford

Davis, A. 1941 American status systems and the socialization of the child. Amer. sociol. rev. 6
Davis, A. u. Havighurst, R.J. 1946 Social class and color differences in child rearing. Amer. sociol. rev. 11
Degenhardt, A. u. Trautner, H.M. (eds.) 1979 Geschlechtstypisches Verhalten. München
DiCaprio, N.S. 1974 Personality theories: guides to living. Philadelphia
Dilthey, W. 1894 Ideen über eine beschreibende und zergliedernde Psychologie. Sitzber. Preuß. Akad. Wiss.
Dilthey, W. 1923 Weltanschauung und Analyse des Menschen seit der Renaissance und Reformation. Ges. Schr. 2. Berlin
Dumézil, G. 1930 La préhistoire indoarienne des castes. J. asiatique 216
Dumézil, G. 1958 L'idéologie tripartie des Indo-Européens. Brüssel
Duijker, H.C.M. u. Frijda, N.H. 1960 National character and national stereotypes. Amsterdam

Eibl-Eibesfeldt, I. 1970 Liebe und Haß. München
Eibl-Eibesfeldt, I. 1973 Der vorprogrammierte Mensch. Wien
Erikson, E.H. 1957 Kindheit und Gesellschaft. Zürich
Erikson, E.H. 1966 Identität und Lebenszyklus. Frankfurt
Evans-Pritchard, E.E. 1940 The Nuer. Oxford
Ewert, O. 1966 Erziehungsstile in ihrer Abhängigkeit von soziokulturellen Normen. In: Herrmann, Th. (ed.) Psychologie der Erziehungsstile. Göttingen
Eysenck, H.J. 1947 Dimensions of personality. London
Eysenck, H.J. 1950 Cyclothymia – schizothymia as a dimension of personality: 1. Historical review. J. pers. 19
Eysenck, H.J. 1952 The scientific study of personality. London
Eysenck, H.J. 1953 The structure of human personality. London
Eysenck, H.J. 1957 Drugs and personality. J. ment. sci. 103
Eysenck, H.J. 1973 The inequality of man. London

Festinger, L. 1978 Theorie der kognitiven Dissonanz. Bern
Feyerabend, P. 1975 Wider den Methodenzwang. Frankfurt
Filipp, S.H. (ed.) 1979 Selbstkonzept-Forschung. Stuttgart
Foppa, K. 1965 Lernen, Gedächtnis, Verhalten. Köln
Fränkel, H. 1955 Wege und Formen frühgriechischen Denkens. 2. A. München
Freud, A. 1936 Das Ich und die Abwehrmechanismen. Wien
Freud, S. 1908 Charakter und Analerotik. Ges. W. 2
Freud, S. 1917 Vorlesungen zur Einführung in die Psychoanalyse. Ges. W. 11

Freud, S. 1926 Triebe und Schicksale. Ges. W. 14
Frischeisen-Köhler 1933 Das persönliche Tempo. Z. ang. Psychol. 37

Galton, Fr. 1869 Hereditary genius. London
Gantner, J. 1958 Schicksale des Menschenbildes von der romanischen Stilisierung zur modernen Abstraktion. Bern
Gardner, R.W. 1953 Cognitive styles in categorization behavior. J. personality 22
Gardner, R.W. et al. 1959 Cognitive control. Psychol. issues I, Monogr. 4
Gehlen, A. 1950 Der Mensch. Bonn
Gelb, A. u. Goldstein, K. 1919 Psychologische Analysen hirnpathologischer Fälle auf Grund von Untersuchungen Hirnverletzter. Z. Psychol. 84
Goldstein, K. 1934 Der Aufbau des Organismus. Den Haag
Gottschaldt, K. 1926 Über den Einfluß der Erfahrung auf die Wahrnehmung. Psychol. For. 8
Gorer, G. 1943 Themes in Japanese culture. Trans. New York Acad. sci. 5
Gorer, G. 1948 The American people. New York
Gorer, G. u. Rickman, J. 1950 The people of Great Russia. New York
Graumann, C.F. 1959 Aktualgenese. Z. exper. angew. Psychol. 6
Graumann, C.F. 1960 Eigenschaften als Problem der Persönlichkeitsforschung. Handb. Psychol. 4. Göttingen
Grønbech, V. 1937 Kultur und Religion der Germanen. Hamburg
Grossarth-Maticek, M. 1976 Krebserkrankung und Familie. Familiendynamik 1
Günther, H.F.K. 1923 Rassenkunde des deutschen Volkes. 4.A. München
Guilford, J.P. 1964 Persönlichkeit. Weinheim
Giuliani, L. 1980 Individuum und Ideal. Antike Bildniskunst. In: Waetzoldt, Physiognomik. 2.A. Berlin 1949

Hall, C. u. Lindsay, G. 1954 Theories of personality. New York
Hansen, W. 1938 Die Entwicklung des kindlichen Weltbildes. 6.A. München 1965
Hartshorne, H. u. May, M.A. 1928 Studies in the nature of character. 1. Studies in deceit. New York
Hasemann, K. 1964 Verhaltensbeobachtung. Handb. Psychol. 6. Göttingen
Haskell, F. 1972 The sad Clown: some notes on a 19th century myth. In: Finke, U. (ed.) French 19th century painting and literature. Manchester
Havighurst, R.J. 1963 Dominant concerns in the life cycle. In: Schenk-Danziger, u. Thomae, H. (eds.) Gegenwartsprobleme der Entwicklungspsychologie. Göttingen
Hayek, Fr. v. 1976 Der Weg zur Knechtschaft. München
Hebb, D.D. 1958 The motivating effects of exteroreceptive stimuli. Amer. psychologist 13
Heckhausen, H. 1980 Motivation und Handeln. Berlin
Heider, Fr. 1958 The psychology of interpersonal relations. New York
Heiss, R. 1936 Die Lehre vom Charakter. Berlin
Heiss, R. 1947 Person als Prozeß. Ber. 1. Kongr. Berufsverband dt. Psychologen. Bonn

Hellpach, W. 1913 Die geopsychischen Erscheinungen. Später: Geopsyche. Stuttgart
Hellpach, W. 1942 Deutsche Phyiognomik. 2.A. Berlin 1949
Hellpach, W. 1951 Studien zur Ethnophysiognomik und Ethopsychognomik. Heidelberg
Hepp, R. 1980 Das Neue Deutschland. Deutsche Identität im Wechsel der Generationen und Eliten. In: Peisl. A. u. Mohler, A. (eds.) Die deutsche Neurose. Frankfurt
Herrmann, Th. 1969 Lehrbuch der empirischen Persönlichkeitsforschung. Göttingen
Herrmann, Th. 1973 Persönlichkeitsmerkmale. Stuttgart
Hess. E.H. 1965 Attitude and pupil size. Sci. Amer. 212
Hess, E.H. 1975 The role of pupil size in communication. Sci. Amer. 233
Hess, W.R. 1954 Das Zwischenhirn. 2.A. Basel
Hess, W.R. 1962 Psychologie in biologischer Sicht. Stuttgart
Höhn, E. 1952 Die verbrecherische Phantasie. Psychol. Rundsch. 3
Hjelle, L.A. u. Ziegler, D.J. 1976 Personality theory. New York
Hofstätter, P.R. 1957 Behaviorismus als Anthropologie. Jahrb. Psychol. Psychotherap. 4
Hofstätter, P.R. 1971 Differentielle Psychologie. Stuttgart
Hofstätter, P.R. u. Wendt, D. 1966 Quantitative Methoden der Psychologie. München
Holzman, P.S. 1974 Personality. Annual rev. psychol. 25
Holzman, P.S. u. Gardner, R.W. 1959 Leveling and suppression. J. soc. abnor. psychol. 59
Holzman, P.S. u. Klein, G.S. 1951 Perceptual attitudes of „leveling" and „sharpening". Americ. psychologist 6
Holzman, P.S. u. Klein, G.S. 1956 Motive and style in reality contact. Bull. Menninger clinic 20
Hull, C.L. 1943 Principles of behavior. New York
Hull, C.L. 1952 A behavior system. New Haven
Humboldt, W. 1973 Schriften zur Sprache. Stuttgart

Inhelder, B. u. Piaget, J. 1977 Von der Logik des Kindes zur Logik des Heranwachsenden. Olten

Jäger, A.O. 1967 Dimensionen der Intelligenz. Göttingen
Jaensch, E.R. 1938 Der Gegentypus. Leipzig
Jaensch, E.R. et al. 1929 Grundformen menschlichen Seins. Berlin
Jaensch, E.R. et al. 1930 Studien zur Psychologie menschlicher Typen. Leipzig
Jaide, W. et al. 1958 Die junge Arbeiterin. München
James, W. 1890 Principles of psychology. London
Jaspers, K. 1950 Allgemeine Psychopathologie. 8. A. Berlin
Jensen, A.R. 1969 How much can we boost IQ and scholastic achievement? Harvard educ. rev. 31
Jones, M.C. 1924 A laboratory study of fear. The case of Peter. Pedagogical sem. 31

Jung, C.G. 1911 Wandlungen und Symbole der Libido. Jetzt: Symbole der Wandlung. Ges. W. 5 Olten 1973
Jung, C.G. 1926 Psychologische Typen. 8.A Zürich 1950
Jung, C.G. 1950 Die Beziehungen zwischen dem Ich und dem Unbewußten. 5.A. Zürich
Jung, C.G. 1954 Von den Wurzeln des Bewußtseins. Zürich

Kagan, J. u. Moss, H.A. 1962 Birth to maturity. New York
Kardiner, A. 1945 The psychological frontiers of society. New York
Keller, H. 1970 Das Nachleben des antiken Bildnisses. Freiburg
Kelly, G.A. 1955 The psychology of personal constructs. 2 Bde. New York
Kelly, G.A. 1963 A theory of personality. New York
Klages, L. 1917 Handschrift und Charakter. 26. A. Bonn 1968
Klages, L. 1926 Die Grundlagen der Charakterkunde. 4. A. Leipzig
Klages, L. 1929ff. Der Geist als Widersacher der Seele. 3 Bde. Leipzig
Klages, L. 1948 Die Sprache als Quell der Seelenkunde. Leipzig
Kinsey, A.C. et al. 1948 Sexual behavior in the human female. New York
Kinsey, A.C. et al. 1948 Das sexuelle Verhalten des Mannes. Frankfurt
Koch (-Hillebrecht), M. 1954 Konstitutionstyp und Umwelt. Z. Psychotherapie mediz. Psychol. 4
Koch (-Hillebrecht), M. 1955 Spieltests als Spiegel menschlicher Umwelten. Psychol. Rundsch. 6
Koch (-Hillebrecht), M. 1955 Konstitutionelle Varianten des Sinnes für Komik. Z. Psychotherapie mediz. Psychol 5
Koch (-Hillebrecht), M. 1957 Der Sozialtest nach Hanselmann als Mittel der Kontaktdiagnose. Sonderheft Z. Psychotherap. med. Psychol.
Koch (-Hillebrecht), M. 1960 Die Begriffe Person, Persönlichkeit und Charakter. Hand. Psychol. 4. Göttingen
Koch-Hillebrecht, M. 1977 Das Deutschenbild. München
Koch-Hillebrecht, M. 1978 Der Stoff aus dem die Dummheit ist. Eine Sozialpsychologie der Vorurteile. München
Koch (-Hillebrecht), M. u. Höhn, E. 1953 Die Entwicklung der Konstitutionsforschung in den anglo-amerikanischen Ländern. Fortschr. Neur. Psychiatrie 21
Köhler, W. 1918 Intelligenzuntersuchungen an Anthropoiden. Berlin
Kohlberg, L. 1974 Zur kognitiven Entwicklung des Kindes. Frankfurt
Kohut, H. 1975 Narzißmus. Frankfurt
Kraus, F. 1919, 1926 Allgemeine und spezielle Pathologie der Person. 2 Bde. Leipzig
Kretschmer, E. 1918 Der sensitive Beziehungswahn. 4. A. Berlin 1966
Kretschmer, E. 1921 Körperbau und Charakter. 26. A. (ed. W. Kretschmer) Berlin 1977
Kretschmer, E. 1922 Medizinische Psychologie. 14. A. Stuttgart 1975
Kretschmer, E. 1923 Hysterie. 7. A. Stuttgart 1974
Kretschmer, E. 1929 Geniale Menschen. 5. A. Berlin 1958
Kretschmer, E. 1949 Psychotherapeutische Studien. Stuttgart
Krueger, F. 1953 Zur Philosophie und Psychologie der Ganzheit. Berlin

Lattimore, O. 1962 Studies in frontier history. London
Lehr, U. 1961 Veränderungen der Daseinsthematik der Frau im Erwachsenenalter. Vita humana 4
Lehr, U. 1964 Positive und negative Einstellungen zu einzelnen Lebensaltern. Vita humana 7
Lersch, Ph. 1938 Der Aufbau des Charakters. 4. A. Aufbau der Person. München 1951
Lersch, Ph. 1955 Gesicht und Seele. 4. A. München
Lersch, Ph. 1968 Vom Wesen der Geschlechter. München
Lévi-Strauss, Cl. 1962a La pensée sauvage. Paris
Lévi-Strauss, Cl. 1962b Le totémisme aujourd'hui. Paris
Liebert, R.M. u. Spiegler, M.D. 1974 Personality. Strategies for the study of man. 2. A. Homewood, Ill.
Linton, R. 1945 The cultural background of personality. New York
Lorenz, K. 1941 Kants Lehre vom Apriorischen im Lichte gegenwärtiger Biologie. Blätter f. dt. Philosophie 15
Lorenz, K. 1943 Die angeborenen Formen möglicher Erfahrung. Z. Tierpsychol. 5
Lorenz, K. 1978 Vergleichende Verhaltensforschung. Wien
Lorenzer, A. 1972 Sprachzerstörung und Rekonstruktion. Frankfurt
Luchins, A.S. u. Luchins, E.H. 1959 Rigidity of behavior. Eugene, Oregon

Magnusson, D. u. Endler, N.S. 1977 Personality at the crossroads: Current issues in interactional psychology. Hillsdale, N.J.
Mahler, M. et al. 1975 The psychological birth of the human infant. New York
Maier, H. 1980 Die ältere deutsche Staats- und Verwaltungslehre. München
Marjoribanks, K. 1972 Environment, social class and mental abilities. J. educ. psychol. 63
Maslow, A.H. 1954 Motivation and personality. New York
Maslow, A.H. 1962 Toward a psychology of being. Princeton, N.J.
Masters, W.H. u. Johnson, V.E. 1966 Human sexual response. Boston
Mathey, F.J. 1960 Zur Schichtentheorie der Persönlichkeit. Handb. Psychol. 4. Göttingen
McClelland, D.C. 1951 Personality. New York
McClelland, D.C. 1961 The achieving society. Princeton, N.J.
McClelland, D.C. 1978 Macht als Motiv. Stuttgart
Mead, G.H. 1934 Mind, self and society. Chicago
Mead, M. 1928 Coming of age in Samoa. New York
Mead, M. 1930 Growing up in New Guinea. New York
Mead, M. 1935 Sex and temperament in three primitive societies. New York
Meili, R. 1957 Anfänge der Charakterentwicklung. Bern
Merz, F. 1979 Geschlechtsunterschiede und ihre Entwicklung. Göttingen
Metzger, W. 1953 Gesetze des Sehens. 2. A. Frankfurt
Mittenecker, E. 1953 Perseveration und Persönlichkeit. Z. exper. angew. Psychol. 1
Misch, G. 1911 Von den Gestaltungen der Persönlichkeit. Berlin

Misch, G. 1949ff. Geschichte der Autobiographie. Frankfurt
Mischel, W. 1974 Processes in delay of gratification. In: Berkowitz, L. (ed.) Advances in experimental social psychology 7. New York
Mitford, N. (ed.) 1980 Noblesse oblige. Bungay, Suffolk
Mitscherlich, A. 1963 Auf dem Weg zur vaterlosen Gesellschaft. München
Mitscherlich, A. 1967 Die Unfähigkeit zu trauern. München
Mönks, F. 1967 Zeitperspektive als psychologische Variable. Arch. ges. Psychol. 119
Mönks, F. u. Knoers, A.M.P. 1976 Entwicklungspsychologie. Stuttgart
Moss, H.A. u. Kagan, I. 1965 Report on personality consistency and change from the Fels longitudinal study. Vita humana 7
Murray, H.A. 1938 Explorations in personality. New York
Murray, H.A. 1943 Thematic apperception test manual. Cambridge, Mass.
Morris, D. 1968 Der nackte Affe. München
Morris, D. 1978 Der Mensch, mit dem wir leben. München
Morris, D. et al. 1979 Gestures, their origins and distribution. London

Panofsky, E. 1943 Das Leben und die Kunst Albrecht Dürers. München 1977
Panofsky, E. 1953 Early Netherlandish painting. New York 1971
Panofsky, E. 1964 Grabplastik. Köln
Panofsky, E. 1977 Das Leben und die Kunst Albrecht Dürers. München
Pawlik, K. 1968 Dimensionen des Verhaltens. Bern
Peck, D. u. Whitlow, D. 1975 Approaches to personality theory. London
Petermann, B. 1935 Das Problem der Rassenseele. Leipzig
Petermann, B. 1938 Wesensfrage seelischen Seins. Leipzig
Peters, U. 1979 In Ausstellungskatalog: In unnachahmlicher Treue. Köln
Piaget, J. 1948 Psychologie der Intelligenz. Zürich
Piaget, J. 1954 Das moralische Urteil beim Kinde. Zürich
Piaget, J. 1978 Das Weltbild des Kindes. Stuttgart
Pope-Henessy, J. 1979 The portrait in the Renaissance. Princeton, N.J.
Price, R.H. u. Bouffard, D.L. 1974 Behavioral appropriateness and situational constraint as dimensions of social behavior. J. personality soc. psychol. 30

Rogers, C.R. 1942 Counseling and psychotherapy. Boston
Rogers, C.R. 1975 Die klient-zentrierte Gesprächstherapie. München
Rohracher, H. 1965 Die Arbeitsweise des Gehirns und die psychischen Vorgänge. München
Rohracher, H. 1975 Charakterkunde. 13. A. München
Rorschach, H. 1921 Psychodiagnostik. Bern
Rosenzweig, S. 1943 An experimental study of „repression“ with special reference to need-persistive and ego-defensive reactions to frustation. J. exper. psychol. 32
Ross, A.S.C. 1980 U and Non-U. In: Mitford.
Roth, E. 1969 Persönlichkeitspsychologie. Stuttgart
Rotter, J.B. et al. 1972 Applications of a social learning theory of personality. New York

Rotter, J.B. u. Hochreich, D.J. 1975 Personality. Glenview, Ill.
Rothacker, E. 1938 Die Schichten der Persönlichkeit. 5.A. Bonn 1952
Rotzler, W. 1974 Photographie als künstlerisches Experiment. Luzern

Sader, M. 1980 Psychologie der Persönlichkeit. München
Sander, F. u. Volkelt, H. 1962 Ganzheitspsychologie. München
Schafarewitsch, I.R. 1980 Der Todestrieb in der Geschichte. Erscheinungsformen des Sozialismus. Frankfurt
Schaffner, B.H. 1948 Father land. A study of authoritarianism in the German family. New York
Scheler, M. 1928 Die Stellung des Menschen im Kosmos. Darmstadt
Schelsky, H. 1958 Die skeptische Generation. 2. A. Düsseldorf
Schelsky, H. 1977 Die Arbeit tun die anderen. München
Schlesinger, H.J. 1954 Cognitive attitudes in relation to susceptibility to interference. J. personality 22
Schnabel, F. 1959 Deutsche Geschichte im 19. Jahrhundert. I. Die Grundlagen. 5. A. Freiburg
Schneewind, K.A. (ed.) 1977 Wissenschaftstheoretische Grundlagen der Psychologie. München
Scholl, R. 1927 Untersuchungen zur teilinhaltlichen Beachtung von Farbe und Form bei Erwachsenen und Kindern. Z. Psychol. 101
Schröder, P. 1931 Kindliche Charaktere und ihre Abartigkeiten. Breslau
Schulte, D. 1974 Feldabhängigkeit in der Wahrnehmung. Meisenheim
Schultz-Hencke, H. 1951 Lehrbuch der analytischen Psychotherapie. Stuttgart
Serpell, R. 1976 Culture's influence on behaviour. London
Sheldon, W.H. et al. 1940 The varieties of human physique. New York
Sheldon, W.H. u. Stevens, S.S. 1942 The varieties of temperament. New York
Sherif, C. et al. 1965 Attitude and attitude change. Philadelphia
Skinner, B.F. 1953 Science and human behavior. New York
Skinner, B.F. 1959 Cumulative record. London
Skinner, B.F. 1971 Beyond freedom and dignity. New York
Snell, B. 1955 Die Entdeckung des Geistes. 3. A. Hamburg
Spitz, R. 1945 Hospitalism. The psychoanalytical study of the child 1
Spitz, R. 1967 Vom Säugling zum Kleinkind. Stuttgart
Spranger, E. 1920 Lebensformen. Geisteswissenschaftliche Psychologie und Ethik der Persönlichkeit. Halle
Staabs, G.v. 1951 Der Sceno-Test. 2. A. Stuttgart
Stegmüller, W. 1973 Probleme und Resultate der Wissenschaftstheorie und analytischen Philosophie. 2 Bde. Berlin
Stern, W. 1911 Die differentielle Psychologie in ihren geistigen Grundlagen. Leipzig
Stern, W. 1928 Die Intelligenz des Kindes und Jugendlichen. 4. A. Leipzig
Stierlin, H. 1971 Das Tun des Einen ist das Tun des Anderen. Frankfurt
Stierlin, H. 1975 Eltern und Kinder. Das Drama von Trennung und Versöhnung im Jugendalter. Frankfurt
Stierlin, H. 1975 Adolf Hitler – Familienperspektiven. Frankfurt

Stierlin, H. 1978 Delegation und Familie. Frankfurt
Strunz, K. 1960 Das Problem der Persönlichkeitstypen. Handb. Psychol. 4. Göttingen
Szondi, L. 1960 Lehrbuch der experimentellen Triebdiagnostik. 2. A. Bern

Thomae, H. 1944 Das Wesen der menschlichen Antriebsstruktur. Leipzig
Thomae, H. 1951 Persönlichkeit. Eine dynamische Interpretation. 3. A. Bonn 1966
Thomae, H. 1952 Die biographische Methode in den anthropologischen Wissenschaften. Studium generale 5
Thomae, H. 1954 Beobachtung und Beurteilung von Kindern und Jugendlichen. 7. A. Basel 1967
Thomae, H. 1958 Lage und Lageschema. In: Festschrift Rothacker. Bonn
Thomae, H. 1960 Der Mensch in der Entscheidung. München
Thomae, H. 1965 Zur psychologischen Charakteristik des Motivationsgeschehens und Das Problem der Motivarten. Handbuch Psychol. 2. Göttingen
Thomae, H. 1968 Das Individuum und seine Welt. Göttingen
Thomae, H. 1969 Vita humana. Beiträge zu einer genetischen Anthropologie. Frankfurt
Thomae, H. 1972 Soziale Schichten als Sozialisationsvariablen. Handbuch Psychol. 7, 2, Göttingen
Thomae, H. 1974 Vergleichende Psychologie der Lebensalter. Z. Gerontologie 7
Thomae, H. 1977 Psychologie in der modernen Gesellschaft. Hamburg
Thomae, H. u. Feger, H. 1969 Hauptströmungen der neueren Psychologie. Frankfurt
Thomas, W.I. 1918–21 The Polish peasant in Europe and America. 5. Bde.
Tolman, E.C. 1932 Purposive behavior in animals and man. New York
Tolman, E.C. 1938 The determinant of behavior at a choice point. Psychol. rev. 45
Toman, W. 1974 Familienkonstellationen. 2. A. München
Toynbee, A.J. 1946 A study of history. London
Trachtenberg, M. 1977 The statue of liberty. Harmondsworth
Turner, F.J. 1921 The frontier in American history. New York

Uexküll, J.v. 1909 Umwelt und Innenwelt der Tiere. Berlin
Ullmann, L.P. u. Lim, D.T. 1962 Case history material as a source of the identification of patterns of response to emotional stimuli in a study of humor. J. consult. psychol. 26

Vierneisel, K. u. Zanker, P. (eds.) 1979 Die Bildnisse des Augustus. Ausstellungskatalog Glyptothek, München

Waetzoldt, St. et al. (eds.) 1980 Bilder vom Menschen in der Kunst des Abendlandes. Ausstellungskatalog Berlin
Wandruszka, M. v. 1969 Sprachen vergleichbar und unvergleichlich. München
Wandruszka, M. v. 1979 Die Mehrsprachigkeit des Menschen. München

Warner, W.L. et al 1949 Social class in America. Chicago
Watson, J.B. 1925 Behaviorism. New York. Dt. Der Behaviorismus. Stuttgart 1930
Watzlawick, P. et al. 1967 Pragmatics of human communication. New York
Weber, M. 1947 Gesammelte Aufsätze zur Religionssoziologie. 4. A. Tübingen
Wellek, A. 1950 Die Polarität im Aufbau des Charakters. Bern
Wendorff, R. 1980 Zeit und Kultur. Geschichte des Zeitbewußtseins in Europa. Opladen
Wenzl, A. 1934 Theorie der Begabung. Entwurf einer Intelligenzkunde. Leipzig
Wepman, J.M. u. Heine, R.W. 1963 Concepts of personality. Chicago
Werner, H. 1953 Einführung in die Entwicklungspsychologie. 3. A. München
Wertheimer, M. 1957 Produktives Denken. Frankfurt
Whiting, J.W.M. u. Child, J.L. 1953 Child training and personality: a cross cultural study. New Haven
Whorf, L. 1956 Language, thought and reality. Boston
Windelband, W. 1894 Geschichte und Naturwissenschaft. 3. A. Straßburg 1904
Winnicott, D.W. 1976 Von der Kinderheilkunde zur Psychoanalyse. München
Winkler, W. 1949 Psychologie der modernen Kunst. Tübingen
Witkin, H.A. 1949 Perception of body position and of position of the visual field. Psychol. monogr. 63
Witkin, H.A. et al. 1954 Personality through perception. New York
Witkin, H.A. et al. 1962 Psychological differentiation. Studies of development. New York
Wittfogel, K.A. 1957 Oriental despotism. New Haven
Wittgenstein, L. 1922 Tractatus logico-philosophicus. London
Wolf, W. 1957 Die Kunst Ägyptens. Stuttgart
Wundt, W. 1903 Grundzüge der physiologischen Psychologie. 3. A. Leipzig

Yerkes, R.M. 1929 The great apes. New Haven

Zimbardo, Ph. G. 1980 Essentials of psychology and life. Glenview, Ill.
Zimbardo, Ph. G. u. Ruch, F.L. 1978 Lehrbuch der Psychologie. 3. A. Berlin
Zuckerman, S. 1932 The social life of monkeys and apes. London